3—5 岁孩子的正面教育

陪孩子成长的那些事

主　编　林咏瑜
副主编　孔菁华

SPM 南方传媒
全国优秀出版社
全国百佳图书出版单位
广东教育出版社
·广 州·

图书在版编目（CIP）数据

陪孩子成长的那些事：3—5岁孩子的正面教育 / 林咏瑜主编 ；孔菁华副主编 . — 广州 ：广东教育出版社，2024.1（2024.2 重印）

ISBN 978-7-5548-5580-5

Ⅰ.①陪… Ⅱ.①林… ②孔… Ⅲ.①学前教育—家庭教育 Ⅳ.① G781

中国国家版本馆 CIP 数据核字（2023）第 211898 号

陪 孩 子 成 长 的 那 些 事 ： 3—5 岁 孩 子 的 正 面 教 育

PEI HAIZI CHENGZHANG DE NAXIESHI：3—5 SUI HAIZI DE ZHENGMIAN JIAOYU

出 版 人：朱文清

策划编辑：卞晓琰

责任编辑：周　莉　冯玉婷　刘　玥

责任技编：佟长缨

责任校对：黄　莹

装帧设计：喻悠然

出版发行：广东教育出版社

　　　　　（广州市环市东路472号12-15楼　邮政编码：510075）

销售热线：020-87614229

网　　址：http://www.gjs.cn

E-mail：gjs-quality@nfcb.com.cn

经　　销：广东新华发行集团股份有限公司

印　　刷：广州小明数码印刷有限公司

　　　　　（广州市天河区高普路83号B栋C5号）

规　　格：787 mm×1092 mm　1/16

印　　张：13

字　　数：191千

版　　次：2024年1月第1版

　　　　　2024年2月第2次印刷

定　　价：48.00元

本书编委会

主　编：林咏瑜

副主编：孔菁华

编写人员（以姓氏笔画为序）：

　　　　刘　晖　许枫然　李倩雯　杨　彬

　　　　林哲媛　郑静钰

养正扶助，陪伴成长

　　品读广州市天河区正面教育的案例成果，收获良多。印象最深的，是三个关键词：正面、案例、陪伴。受邀作序，我就谈谈对这三个关键词的感受。

　　教育本身就是正面的，教育即正面教育。或者说，养正扶助是教育的"本心"。人若不可教育，教育也就没有了存在的必要，人的可教育性是教育存在的前提。所谓可教育性，即人本身就具有积极的、向善的力量，教育就是要将本已存在的人性力量扩充、壮大。教育从来都不是"无中生有"的，而是"从小养大"的。我们常说，教育就是要在儿童心灵中种下良善的种子，但仔细推敲，这种说法并不准确。良善的种子本已在孩子的心灵之中，教育的任务不是播种而是呵护，教育是从种子到发芽、发育、成长的全过程。

　　对教育本心的发现古已有之。儒家主流的性善论，其实就是正面教育的人性根基。孔子讲"天生德于予"，将"德"视为"天道"在人身上的体现，"修德"（修己、修身）就是对每个人天生就有的德行的养与育。孟子讲"四端"，即恻隐之心、羞恶之心、辞让之心、是非之心，"人皆有之"。教育所要做的，不是在"四端"之外去开辟新的内容，而是将人

本身已经有的这"四端"扩而充之。

苏格拉底的"回忆",阐明的正是德行是灵魂本身的蕴含,教育不在植入,而在"引出",即将灵魂本身所蕴含的德行牵引出来并使之经过理性的验证进而发展壮大。亚里士多德将人的德行分为自然德行与完满德行两个层次,所谓自然德行就是天生就有的禀赋,而完满德行则是自然德行经过实践智慧淬炼与理性融合为一的德行。后者虽然是教育之追求,但对后者的追求一定是以前者为基础的。

正面教育即将人本已有之的良善德行呵护好并使之发展壮大,这不仅符合人之本性,也是教育规律的要求。人是复杂的存在,既有良善本性,也有作恶的可能,甚至可以说善恶一体。在成长过程中,在正向力量尚不够强大的情况下,将发展中的人暴露于恶的事物之中,其实是将其置于危险之中。因为在"正未养足"的情况下,人对恶的"免疫力"低下,很容易被恶沾染、腐蚀。养正,就是将儿童本身已有的良善力量扩而充之,而得到壮大的良善力量,其实也是抵御恶之侵袭的力量。

人们对正面教育有一些误解,比如认为正面教育就是将儿童放在温室之中,无法经历风雨的考验,也就无法形成对恶的"免疫力"。事实上,正面教育不回避恶,而是先养正,即在儿童获得一定的良善力量,对恶有了一定的抵抗力之后,才有节奏地让他们去面对恶,让良善力量经受淬炼进而得以坚固化。

养正扶助的教育本心,在现代教育中渐渐被蒙尘、遮蔽。在一些教育活动中,养正不再是焦点,而防范、惩处则成了焦点,教育活动变成了预防犯错与惩处儿童的代名词。这种教育活动背后,其实是有人性预设的,即不再相信人包括儿童的良善本性,不再相信教育的养正本心,反而相信人与儿童的消极性,相信教育的任务在于防堵或"制恶"。

预设即教育。当我们从消极方面来预设、看待儿童的时候,我们的教育实践本身就带有了消极性,本身就在向儿童发出暗示。在一定程度上,预设也是诱发。预设儿童的消极性，儿童就会表现出消极性。防堵或"制恶"导向的教育，在儿童犯了错误之后，往往实行严厉的惩处。在惩处逻辑下，让犯错者付出代价以吓阻犯错者和其他人不再犯错的逻辑成了主导性的逻辑。吓阻逻辑，利用的不是儿童内在的积极力量，而是恐惧等消极因素。吓阻逻辑的盛行，使教育异化为与法律制裁类似的活动，养正扶助的教育本心则被进一步搁置。

以吓阻、威慑为逻辑的"消极教育"（如果还算得上是教育的话）问题如此明显，但在现实中为什么还有那么多人痴迷向往呢？这里面有一个迷思，那就是不切实际地渴望通过"非教育的方式"来解决教育问题，渴望通过威慑来"防患于未然"，渴望通过惩处来获得立竿见影的效果。威慑利用的是人的消极力量，压抑的是人的积极力量，效果不能长久还是其次，关键是不能促进人的发展；惩处频用，掩盖的是问题，带来的是伤害。学术研究早已发现，那些在学校总是受到惩处的孩子，走出校门之后做出的越轨、违法甚至犯罪行为往往更为严重。

正面教育是教育的"本心"，这个道理不难理解。但知易行难，在大规模、竞争化的教育时代，如何实行是一个很大的挑战。在大规模教育下，约束是最容易使用的手段，而约束利用的是人的自我保护等消极力量；同龄人聚集在一起接受教育，激发竞争是最方便的管理手段，而竞争逻辑背后同样是利用人之争强好胜等消极力量。作为教育之本然形态的正面教育困难重重，而消极教育则畅通无阻，可以说是正反颠倒。在这种局面下，渴望一朝一夕式的全局性改变并不现实，但可以从局部和细节做起。广州市天河区通过多年实践研究所凝聚的正面教育案例集，正是这种努力的体现。

这套丛书，聚焦正面教育的丰富案例，以鲜活的教育活动细节来呈现正面教育的生动过程。每一个案例，都是从行为描述开始，然后详细呈现正面教育的全过程，最后是教育反思。这样详细的呈现，能最大限度地展

现针对具体行为问题进行正面教育的细微精到之处，"毫发毕现"，可以为读者的学习和使用提供最为详尽的参考。更为难能可贵的是，这个成果集，不但细说了如何做的过程，还讲清楚了这样做的道理。在每个案例的开头，都简明扼要地呈现了所针对的行为问题、所运用的正面教育理念与所使用的正面教育工具。这个看似简单的环节，实际上至关重要，一方面为整个教育案例的展开提供了理论依据，另一方面也为读者如何借鉴、使用案例提供了理念与方法指导。

以案例呈现研究成果也有局限性，那就是不易体系化。本套丛书对这个局限性也有所突破。每个案例聚焦于一个问题，但几个案例组成一个"单元"，共同指向一个"问题域"，不同的"问题域"组合在一起，就涵盖了不同学段儿童发展中的基本主题，比如，小学阶段的"问题域"包括内驱力、师生关系、情绪管理、班级生活、行为规范，建构出对小学生进行正面教育的一个相对完整的体系。这样的精心设置，既可以为读者提供单个问题的详尽参考方案，又可为正面教育的整体实施提供体系化指引。

丛书所进行的正面教育，也可以说是家长和教师以陪伴的方式进行的，体现出"教育即陪伴，陪伴即教育"的特色。案例所记录的，从专业来看，是正面教育的一个个细节；从生活来看，是父母和教师陪伴儿童成长的过程。儿童无法独自成长，每个儿童的成长都发生在"人之间"，都需要上一辈的陪伴。陪伴作为教育方式，有约束、管理、管教、训练等其他方式所没有的独特优势。首先是陪伴具有情感性。父母和教师对儿童成长的陪伴，其实是爱的一种方式，是以陪伴去爱儿童。其次，陪伴包含着对儿童自主的尊重。作为教育者，我是陪儿童成长的，在儿童需要的时候会给予帮助，但成长与发展主要还是儿童自己的事情，我不会横加干涉。再则，陪伴也是示范。教育者的陪伴，不是将注意力都放在儿童身上，时刻关注儿童做了什么、该如何做，而是与儿童自然交往，以自己的良好行为与适当反应为儿童做出示范。最后，陪伴作为教育方式，体现了"大处着想，小处着手"的思想。教育者陪伴儿童，不是想去主导其生活与发展方向，而是扶助其自主发展，让他们成为主体性存在，这是从大处着想；但在具体生活细节上，教育者又时刻在儿童身边，给予尽可能的支持与帮助，这是从小处着手。两个方面结合，才是有效且美好的教育。

以上是我学习正面教育案例集的点滴体会，权充为序。

华东师范大学教育学部 高德胜

2023年11月

目 录
CONTENTS

第一章

同伴冲突

我和小伙伴发生的冲突

行为关键词： 逃避问题、同伴冲突

运用正面教育理念： 关注解决方法，而不是责备。

运用正面教育工具： 共赢的合作。

行为描述

在人与人的交往过程中，发生冲突是不可避免的，对于年龄尚小的幼儿而言，冲突尤为频发且突出。有时幼儿会因为目标无法达成或为了引起他人的注意，而出现不恰当的攻击性行为。同伴冲突是幼儿社会性发展的常见问题之一，学会解决冲突则是幼儿成长路上的必修课。在此过程中，幼儿可以通过解决各类问题，习得社会交往的技能技巧。

情景案例

在一次户外体育活动中，我刚把一位不小心摔倒的孩子安顿好，突然有一双小手从身后紧抱着我。我转过头，发现淋尹正撇着嘴直直地看着我，我询问道："怎么啦？"淋尹的眼眶立马湿润了，带着哭腔说："老

师，我想回家……"话还未说完，她便激动得哭了起来，手紧抓着我的衣服说："我想回家找妈妈。"我蹲下来，连忙问道："发生什么事情了吗？是摔倒了吗？"淋尹抽泣起来，摇着头说："老师……我就是想要回家。"话音刚落，淋尹便把头埋在了我身上，情绪失控地大哭。

几分钟后，淋尹的哭声渐弱，情绪稍有缓解，我轻声问道："怎么突然就想要回家了呢？"听到我的问题，淋尹又唰地一下哭了起来："我想我妈妈了。"我边给淋尹擦着眼泪边问道："是在游戏中发生了什么事情，让你突然想回家找妈妈吗？"

淋尹缓缓地开始讲述："刚刚果果一直在要求我去站点，但我想玩游戏。睡觉的时候，果果也一直在弄我。老师，我想回家。"听完淋尹断断续续的讲述，我明白了淋尹情绪爆发的真正原因。一次次与果果相处过程中产生的不愉快，让淋尹的负面情绪逐渐堆积，最终导致了她在户外活动中的情绪爆发。为了帮助她解决未能及时解决的一个又一个问题，我运用了正面管教中的工具：赢得合作。

首先，我对孩子的感受表示理解。"原来你遇到了这么多的事情，让你感到伤心和难受。"我牵着淋尹的小手，看着她的眼睛继续说道："但是我们发现问题不是要解决问题吗？"淋尹听到我能理解她的感受，点了点头。但听到我随后的提问时，又哽咽道："妈妈让我去找其他小朋友玩，不要再跟果果玩了。可是当我找其他小朋友玩的时候，果果又会走过来扯我的裤子，还拍我的手。老师，我不要和果果做朋友了！"淋尹越说越激动，原本平复的情绪又被激起，随即再次大哭。

我立马给了淋尹一个拥抱，安慰并鼓励道："淋尹，你已经做得很好了。你能主动把事情告诉老师，老师要给你一个大大的表扬。但是淋尹，遇到问题我们要及时解决，不然我们的小心脏就会像气球一样，胀得鼓鼓的，会非常难受。"淋尹被我的肢体动作逗笑了，情绪也慢慢地平复下来。

接着，我引导淋尹和果果专注于问题的解决。首先，我让淋尹和果果分别表达自己的内心想法。在淋尹讲述期间，果果情绪紧绷着，嘴抿得紧紧的。轮到果果表达时，果果小心翼翼地看着我和淋尹，一直不讲话。

于是，我改用问答形式进行引导，我问果果："你听到淋尹说不和你玩的时候，你去拉她的手，是因为不喜欢她，还是想惹她生气呢？"果果摇摇头。"那你是想要继续和她做好朋友，想和她一起玩吗？"果果看了看淋尹，点了点头。

在果果和淋尹的相处过程中，果果习惯了要求他人，同时也要求淋尹配合她的想法。但长期在这种相处模式中的两人最终产生分歧。心思细腻且敏感的淋尹捉摸不透果果的行为与想法，所以淋尹和果果的相处之所以会产生问题，就是因为表达及沟通方式不恰当。

我和果果说："老师并不是责怪你。你拉淋尹的手，是因为喜欢淋尹，但你不知道这样的行为会让她不开心，对不对？"果果认真地看着我，抿着嘴但点了点头。我看着她的眼睛，认真地说："现在淋尹和你分享了她的感受。她对你的一些行为感到很难过，作为淋尹的好朋友，你能不能给她一个拥抱？"果果轻轻地点头。

我拉起两人的小手，把它们合在了一起。两人腼腆地抱了抱，果果还小声地说了句"对不起"，淋尹也立马回复了"没关系"。我立马竖起大拇指，对她们说："老师要为你们能正确看待问题的做法点赞！"我又问道："当我们发现自己或者同伴的表达方式出现问题时，我们应该怎么解决呢？"我引导她们回想事情的经过，思考遇到问题时最好的应对方法是什么。同时，我鼓励果果和淋尹发现问题时，要及时解决问题、表达自己的想法。

在当天班级小结的环节当中，我也将"如何与同伴良好交往"这一话题与其他孩子进行了讨论。其间，我积极引导孩子们，当与同伴交往遇到问题时，要学会表达自身的想法，尝试解决问题。当问题无法解决的时候，要及时向老师反馈。

自我反思

　　孩子们在与同伴的交往过程中难免会发生冲突，但只要我们进行及时与正确的引导，便能有效解决问题，并促进幼儿的多方面发展。面对同伴冲突，教师不能全然放任不管让幼儿自行解决，也不能在幼儿与同伴尝试解决问题时经常进行干预。在情感方面，教师应对每名幼儿一视同仁，面对幼儿间的冲突，应态度公正、不偏颇任何一方。日常生活中，教师也需留意幼儿的行为习惯，以积极的态度和情绪及时回应幼儿冲突，鼓励幼儿自发解决问题。

作 者 信 息

姓　　名：李莹莹　　　　单　　位：广州市天河区东圃幼儿园

我知道，生气是一种情绪

行为关键词：动手打人

运用正面教育理念：尊重与平等、和善与坚定并行，不骄纵不惩罚。

运用正面教育工具：愤怒选择轮。

行为描述

3—6岁的幼儿正处于学习与发展人际交往的关键期。在幼儿园的一日生活中，幼儿拥有很多与同伴交往、合作的机会。但在与同伴的相处中，难免会产生矛盾，从而引起言语上的争执、行为上的攻击等不友好的行为。面对幼儿发泄情绪的状况，教师应关注幼儿的感受，保护其自尊心和自信心，通过认同、理解与包容，帮助幼儿正确表达和处理自己的情绪。

情景案例

孩子们喜爱的区域自主游戏时间到了，诚诚选择在建构区搭建天安门，不一会儿，便用积木搭建了一个用正方形围合的围墙。诚诚看着自己的作品满意地笑了，并对旁边的洋洋说："快看，我的天安门搭好了。"

洋洋仔细地看了看说道："我去过天安门，你搭得一点也不像。你这只是正方形的房子。"诚诚听了这话，脸马上涨得通红。洋洋又接着说："天安门的屋顶是扁扁的三角形，两边的屋檐是往外向上翘的。你搭的屋檐没有往外翘的感觉，城墙比屋顶还大。"

听了洋洋的话，诚诚低下头，拿起积木继续搭建。突然，诚诚皱起了眉头，指着天安门的照片说："怎样才能让屋檐往外翘？"洋洋随口说："用大三角形不就可以了吗？"说完，洋洋拿着一个大三角形积木，便要往上搭建。

"哗"的一声，积木全部倒了下来。诚诚愤怒地握紧拳头，对着洋洋大叫："你干什么？我生气了！"还没等洋洋反应过来，诚诚的拳头便打在了洋洋的肚子上。洋洋的眼泪唰的一下便掉了，哭着喊道："你打我！"

建构区的孩子们看到后，也跟着喊了起来，场面一片混乱。我赶紧走近建构区，看见诚诚气得耳朵和脸蛋通红，洋洋的泪痕也还挂在脸上。我蹲下来拍了拍他们的肩膀，牵着两人的手，和诚诚、洋洋对视了一会儿，他们的情绪逐渐平稳下来。

接着，我牵着诚诚的手来到了积极暂停区。诚诚向我讲述了事情的经过，听完后，我用手摸了摸他的头，回应道："我能理解你为什么生气，你费了很大劲搭起的天安门被洋洋碰倒了。""是啊，我真的好生气，但我不是故意要打他的。"诚诚小心翼翼地向我敞开心扉。我明白，批评是解决不了问题的，因此我决定运用正面教育的工具——愤怒选择轮。

孩子有情绪是正常表现，但我们需要让孩子明白，生气时的所作所为不一定是正确的，我们要找寻积极正面的解决方式。于是，我拥抱着诚诚说："有人弄坏了你的东西，你可以感到生气，但是不应该打人。你能想出一种既尊重自己，又不会伤害别人的方式吗？"诚诚挠了挠头表示自己想不出其他的方法。

我接着说："老师也会有生气的时候。当我有生气的情绪时，我会觉得内心有一股劲，所以我会通过运动或者唱歌等方式来发泄。那你会怎么做呢？"诚诚听了我的话，感到放松了不少，皱起的眉头也渐渐松开。过了半晌，诚诚说："我会找一个气球，把我生气的情绪都吹进气球里。我还会画画，把我的愤怒画下来……"

话题聊到这里，诚诚的情绪已经得到了缓解，他知道我是关爱他，并想要帮助他的。当孩子的情绪已经平静下来时，接着就要开始展示愤怒选择轮，让孩子知道既可以表达愤怒，也可以选择其他尊重自己、尊重他人的替代方法。

我说："你想的这些方法都很好，既能表达你的愤怒，同时也不会伤害到他人。那怎样才能让你记住这些好方法呢？"诚诚说："我可以把这些方法画在纸上，再贴到选择轮上。"

听了诚诚的回答，我悬着的心终于放下。我握着诚诚的手，和善且坚定地说："刚刚我看到洋洋哭了，他说他只是想帮助你把天安门搭好，不是故意把它推倒的，你怎么看？"诚诚立马回应："我不应该打他。"我说："相信你一定能够处理好这件事情。"听完我的话，诚诚主动走到了洋洋面前，向洋洋说道："洋洋，刚才我不应该打你，对不起。"洋洋说："没关系，我也不应该在没有经过你同意的情况下，就搭建你的天安门，还不小心把它弄倒了。"这时，诚诚的脸上出现了灿烂的笑容，他说："没关系，我们下次再一起搭一个更大的天安门。"洋洋也开心地回答："好啊！"

第二天，诚诚在班上和小伙伴们分享了他绘制的愤怒选择轮，并邀请其他小伙伴们，每当生气的时候就转动愤怒选择轮，选择一种缓解情绪的方法。我也和孩子们说："每个人都会有生气的时候，当情绪出现时，我们要用正确的方法把它表达出来。"

很多时候，孩子仅仅需要一种宣泄的方式。在孩子有负面情绪时，教师可以和孩子一起回顾事情的经过，帮助孩子更好地觉察并释放情绪。在这个案例中，教师在孩子生气时，先认同他的感受，随后运用了正面管教的工具——愤怒选择轮，让孩子积极思考在生气时能采取的缓解情绪的方法。同时，教师认可并欣赏孩子提出的解决办法，将决定权真正地交给孩子。同时也让孩子明白，有生气的情绪是很正常，即便是在生气的时候，教师也会爱他们并接纳他们的负面情绪。这样的方式不仅能给孩子足够的安全感，更教会孩子自我调节和正确表达、处理自己的情绪的方法。

作者信息

姓　　名：何润芝　　　　　　单　　位：广州市天河区辰康幼儿园

友谊的力量

行为关键词：争夺玩具、意见不合

运用正面教育理念：关注问题的解决，而非让孩子付出代价。

运用正面教育工具：专注于问题的解决方案。

行为描述

　　幼儿同伴冲突是幼儿园教师常面临的挑战之一。由于幼儿发展能力的限制，在与同伴建立社交关系以及进行交往互动时，往往会引起一些不可避免的冲突，如争夺玩具、意见不合、游戏目标不一致等。作为教师，我们要引导幼儿学会解决冲突，帮助他们习得与同伴交往的方式与技巧。

　　首先，解决冲突有助于培养幼儿的社交技能和情绪管理能力。通过处理冲突，幼儿可以学会与他人合作、妥协和沟通。其次，解决冲突可以促进幼儿间友谊的建立和维护。通过解决冲突，幼儿可以建立更深层的互动关系，增强彼此之间的信任和支持。最后，解决冲突有助于创造积极的学习环境。当幼儿能够有效地处理冲突时，他们才能更专注于学习。

　　然而，解决幼儿同伴冲突并非易事。由于缺乏解决问题和妥协的技能，幼儿可能会表现出情绪激动、固执己见或其他不恰当的情况。因此，教师在幼儿同伴冲突的解决中发挥着至关重要的作用，应该提供指导和支持，鼓励他们以积极的方式参与解决过程。

案例一：争夺玩具

区域游戏时间到了，积塑区中，小泽和小晨同时发现了一辆他们都喜欢的玩具火车，他们都非常想玩。小泽和小晨同时抓住玩具火车，试图将其从对方手中夺走。他们开始争执，并试图推开对方，希望自己能独自拥有这个玩具。

听到小泽和小晨互不相让，我走到了他们的身边，耐心地询问他们："小泽、小晨，我看到你们都喜欢这辆玩具火车。可以告诉我你们喜欢它的原因吗？"小泽回答道："我一直很喜欢火车。我想做一名火车司机。这辆火车可以让我想象出开火车的样子。"小晨也迫不及待回答："我也很喜欢火车。我想做一名乘务员。有了这辆火车，我才可以成为乘务员。"

小泽和小晨都十分渴望得到这辆火车，我应该怎么引导孩子解决这次的冲突呢？这时，我想到了正面教育工具——专注于问题的解决方案。于是我抛出了一个问题："看得出来，你们都很喜欢这辆火车。但火车只有一辆，你们觉得可以怎么处理呢？"

小泽说："轮流玩，一人玩5分钟。小晨可以先做乘务员。5分钟之后，就轮到我做司机了。"小晨说："要不我把火箭也拿过来，我先玩5分钟火车，你先玩火箭。"

小泽和小晨你一言我一语，很快达成了共识——在规定的时间轮流玩。接下来的几天里，小泽和小晨商定好了交替玩火车和火箭的规则。同时，他们还开拓了新的玩法，将火车和飞机搭配在一起，建成了一个大型的停车场。

案例二：游戏目标不一致

区域活动时，小岚和小溪来到了建构区，商量着一起建造城堡。在搭建前，小岚和小溪对城堡的设计有着不同的想法，小岚说：“我要搭建一个高耸的城堡。”小溪说：“这样的城堡不好看，城堡要有很多种不同的颜色。”两个人你一句我一句地争吵，旁边的孩子也随声附和：“城堡颜色越多才越好看。”小岚听到后，瞬间不开心了，于是她开始跺脚，嘴巴也噘得高高的。

随后，我走到小岚和小溪中间，说道：“可以先和我说说你们的想法吗？”小岚立马回应：“我想搭建一个高耸的城堡，它看起来一定会很壮观，像一个真正的王国。”小溪说：“我希望城堡有很多种颜色。这样的城堡就会像童话故事里的城堡一样好看。”

我倾听了小岚和小溪的想法后，对他们的想法先给予了肯定。同时，我也让他们自己商量解决的方法：“我明白你们都有不同的想法，而且都有自己的理由。但现在你们想搭的城堡不一样，有什么好办法呢？”

小溪马上回答：“我知道了，我们可以尝试一种新的设计。先搭一个高耸的城堡，然后在城堡的不同位置加上不同颜色的装饰。”小岚听到这个想法，也马上回应道：“这样可以！那你搭城堡的外面，我搭里面。”

想法达成一致后，小岚和小溪开始合作搭建一座高耸的城堡，还通过讨论共同决定了装饰品的颜色和位置。最终，他们独特的城堡搭建完成了。城堡建成后，小岚和小溪开心地拥抱在了一起，又蹦又跳，全身上下都散发着喜悦。在解决这次冲突的过程中，他们学会了融合彼此的想法和创意，不仅解决了冲突，还创造了一个充满想象力和乐趣的游戏场景。

自我反思

  让幼儿自己通过沟通、妥协或合作来解决冲突比教师生硬的说教更有效。上述的两个案例充分说明了教师在解决幼儿同伴冲突中的重要引导作用。在幼儿发生冲突时，教师没有简单地利用权力下达结论，而是善于站在幼儿的角度，通过耐心地倾听幼儿述说，让幼儿充分表达自己的想法，并鼓励他们进行头脑风暴以解决问题，最终达成意见的一致并解决冲突。在这个过程中，幼儿不仅学会了合作和妥协，还掌握了解决问题和与他人合作的能力，并且促进了幼儿之间友谊和情感的联系。

 作 者 信 息

姓 名：冯杏   单 位：广州市天河区东圃幼儿园

第二章

独来独往

老师的"小跟班"

行为关键词：脱离集体、寻求关注

运用正面教育理念：孩子的首要目的是追求价值感与归属感。

运用正面教育工具：

1. 和善与坚定并行。

2. 特别时光。

行为描述

　　虽然大多数孩子在家中受到的关注较多，但有些孩子由于父母工作繁忙而缺少陪伴或长辈娇惯溺爱，因此在幼儿园中想要获得更多特别的重视与关注。为此，他们可能会采用不正确的方式，如孤独自处、脱离集体等，以获取归属感、安全感，并确定自己在教师心中的地位和重要性。作为班级教师，我在学习正面管教后对孩子的行为有了更多的了解。为了让孩子更好地成长，我尝试在实际生活中运用正面管教的理念，以帮助他们在集体中寻求真正的归属感和价值感。

清晨，孩子们有序地走进班级，而我正在整理他们带回来的家园联系手册。突然，小翌气鼓鼓地脱下书包，挂在左臂上，用书包撞了一下我，然后快步冲向地柜，猛地甩下书包。

我疑惑地问："小翌，怎么了？"小翌看看我说："老师！"我回应道："小翌，怎么了？我们一起去洗手准备吃早餐了哦。"小翌仍然站在原地，不想跟其他孩子一起洗手，又喊道："老师！"我抬高了嗓门回应道："什么事？"小翌打开书包拉链，然后又拉上说："老师，过来一下。"我走近他，拉起他的小手，带着他走向其他孩子，他开心地笑了，随即洗手吃早餐。

早餐后，其他孩子都拿着水壶，准备到走廊排队进行户外活动。小翌却独自走回教室，在钢琴前徘徊，还时不时地回头看看我。我开始意识到他最近脱离集体、独来独往的行为，并想到了之前读过的《孩子：挑战》和正面管教的内容。或许我可以尝试使用正面管教中的"和善与坚定并行"工具来帮助他。

这时，小翌又喊了一声，我在调整好自己的情绪后，决定先暂停一直回应他的模式，适度地给予他一些空间。随后我面带微笑地指向书包柜，用非语言信号告诉他要准备户外活动了。

小翌看到我跟以往不一样，快速地走到我面前，拉起我的手摇晃道："老师！老师！"我温柔而坚定地告诉小翌："小翌，去做户外准备吧，我们要下楼了。"小翌发出一声"哼"，嘴里说："我不要准备。"然后向相反方向走去。虽然心里无奈，但我仍然保持着情绪稳定，语气中加上了轻松愉悦："一会儿我们要玩有趣的活动，如果你想参加，就要快点跟

上我们啦！"小翌思考了一会儿，连忙跑回教室，开始做户外准备。

看到小翌做出的改变，我想这是一个非常好的机会，于是我接着说："哇！小翌，你把书包整理得真漂亮！"小翌听到后兴奋地笑了，还帮助其他孩子一起整理书包，然后跟上了队伍。

户外活动结束了，到了收拾玩具的时间，小翌拿着自己的玩具站在滑梯下，不想动手收拾。我轻轻走到他身边，"不经意"地说："这么多玩具收拾起来太慢了，如果能有一个小朋友帮助老师就太好了！"小翌听了，立马说道："我来我来！"然后快步跑去帮忙，很快玩具就收拾好了。

在这一天里，我发现在老师的鼓励下，小翌可以积极参与集体活动。他之所以喜欢独来独往，是因为希望得到老师的特别关注。我想，在某些特殊时间里给孩子特别的关注，也许会帮助他产生改变。放学前，我轻轻地抱住小翌，告诉他："小翌，我理解你，我知道你希望经常得到老师的关注。"小翌点点头，说："我喜欢老师。"我轻拍他的后背说："但是如果你自己走开，你觉得会发生什么呢？"小翌问道："会有危险吗？"我点点头："是的，而且这样你就不能和其他小朋友一起玩了。你就看不到他们也有厉害的本领和好玩的游戏了。"

小翌想了想，说："但是我想和老师一起。"我说："要不我们约定一个特别时光，我们可以在这个时间聊聊天，你觉得怎么样？"小翌很肯定地说："老师，我们可以在吃完饭后聊聊天！"我点点头，说："那其他时间你就跟着队伍一起，好吗？"他开心地笑了，说："好！"一段时间之后，小翌离开队伍单独行动的行为逐渐减少，与同伴之间的相处更融洽，他也更愿意帮助其他人做一些力所能及的事，在集体中的归属感有了明显增强。

自我反思

　　面对孩子"独来独往、脱离集体"的行为，教师没有采取强硬的压制或简单粗暴的解决方式，而是自觉运用了正面教育的工具——和善与坚定并行、特别时光。这种工具的使用不仅给了孩子成长的空间，也让他们在不知不觉中学会了如何融入和热爱集体。教师与孩子约定的美好特别时光，给了孩子一颗爱的"定心丸"，同时也有助于形成良好的师幼关系。

作 者 信 息

姓　　名：廖誉璐　　　　　　　单　　位：广州市天河区昌乐幼儿园

球球的"妈妈沙发"

行为关键词：独自玩耍

运用正面教育理念：纠正行为之前先建立连接（关系）。

运用正面教育工具：认同感受。

行为描述

    3—5岁幼儿的身体机能发育尚未成熟，各项技能还没有完全掌握，正处于身心迅速发育的关键阶段。能否养成良好的行为习惯是幼儿在这个时期的身心健康发展中要面临的至关重要的问题。生活方式、教养方式、亲子关系和师幼关系等都是影响幼儿良好行为状态的关键因素。当幼儿出现不合群、独来独往的行为时，成人通常采用喝止和恼怒的方式来解决问题："你怎么总是不和大家在一起行动？""你的常规怎么那么差？"

    幼儿行为背后的信息是什么？当我们意识到情绪和行为背后透露的是幼儿潜在信念的密码信息，我们便能得到一把"钥匙"，开启一扇正面教育的大门——关注和理解行为背后的信念。

在户外体育活动时间，全班幼儿正在做准备运动。球球一个人跑到沙池，拿起铲子扬起沙子，一边扬一边说道："沙尘暴来啦！"尽管保育老师提醒他扬沙子容易伤害到眼睛，会让眼睛不舒服，希望他停止这个动作，但球球始终没有放下铲子。直到感觉没意思了，球球才停下来，转而沿着沙道踢沙子。保育老师一直陪伴着他，不断提醒他回到集体当中，但球球总是生气地回应："我就是不要，不要！"

这时，我走过去，询问球球在做什么。他并没有回应我，但在意识到我是来叫他参与体育活动时，便冲着我大叫："你走开，我不要你！"我感受到他内心的情绪波动很大，因此选择了共情来解除他的心理防御。我回应道："我也想玩沙子，你是怎么玩的呢？"

球球瞟了我一眼，继续踢沙子。动作没有之前那么用力，表情也有所放松。我感到球球需要更多的接纳，因此我用两种不同的方法做了两个沙雕，然后自言自语地说："奇怪，都是用小水桶做的，怎么会不一样呢？"这时，球球好奇地看了看我，离我的距离稍微近了点，似乎对我刚刚说的话有自己的想法。只见球球停止了踢沙子的动作，拿着小树枝戳沙地。

于是，我继续说道："球球，你能帮我接点水吗？"球球二话不说，起身拿起小桶接了满满一桶水，跟跟跄跄地提了过来。我惊喜地对他说："谢谢你帮我接了一桶水！你能和我一起做个沙雕吗？"我希望鼓励幼儿良好的行为，建立良好的关系，促进话题的发展。

于是，球球蹲在我旁边，用自己的方式做了一个沙雕。我好奇地问："好特别的沙雕，你做的是什么啊？"

"沙发"。他冷冷地说道。

"这个沙发是给我坐的吗？"我好奇地问道。

"不，这是我和妈妈坐的。"他带着略微伤感的情绪表达这个作品的寓意。

"那你和妈妈坐在沙发上一定感觉很温暖吧？"我尝试通过能产生共情的话题与球球进行进一步的交流，以了解隐藏在他行为背后的因素。

"我妈妈生病了，她好久没回家了。"球球的声音充满着思念和失落。

"我能感觉到你非常想念妈妈，希望她能和你一起坐在沙发上。我可以给沙发拍张照片，然后你可以给你妈妈看看。"我试图和球球建立共情的关系。

球球看着我说："好。"闪亮的眼睛显示出我们已经建立了有效的沟通。

"你有什么想和妈妈说的吗？我可以帮你录下来。"没想到，球球马上凑近我的手机，说："妈妈，这是我做的沙发，好看吗？"之后，我连同照片一并发送给了球球的妈妈。我知道球球妈妈不能及时回复，于是我和球球说："我们也可以在课室里找个地方放一张沙发，你觉得怎么样？"我积极寻找机会，并选择用球球当下在意的东西与球球建立情感连接。球球立马拉着我的手冲到课室，跑得又急又兴奋。

我们商量着沙发的摆放位置、颜色和小摆件。球球对这个主意充满了热情，显得积极又配合。于是我们一起前往附近的家具店购买了一张儿童沙发，放在球球选好的位置上。球球向同伴热情地介绍这张沙发，他们给它取名为"妈妈沙发"。所有的孩子都特别喜欢"妈妈沙发"。而球球也在这个过程中获得了归属感和成就感。

我们共同约定，"妈妈沙发"是最温暖的地方，当老师和同伴心情不佳的时候，可以到"妈妈沙发"抱抱毛茸茸的枕头、聆听音乐盒里美妙的音乐，让自己的心情愉悦起来。只要自己想去，随时都可以去。

　　球球自然而然成了"妈妈沙发"的常客，我常常看见他一个人静静地坐在上面，又或在整理沙发的摆件。有时候其他孩子想和他一起坐在上面，他会显得有些不乐意，还会用沙漏计时来延长独处的时间。

　　在接下来的两周中，我发现球球加入集体活动的次数增多了，时间也逐渐加长。当他出现情绪问题时，我也会静静地陪着他，适当地给予拥抱。等他情绪调节好后，我再引导他加入集体活动中。大约经过两个月，我发现球球和同伴们在"妈妈沙发"上一起看书、聊天，有时甚至还加入情景表演。球球与同伴之间的互动变得更加自在和愉快，笑容也经常挂在脸上，这让我感到非常欣慰。

自我反思

　　在我的教学经验中，"认同感受"是最常用、最熟练的正面教育工具。当我们说出幼儿内心的话语时，幼儿会试着接受我们，负面情绪也逐渐得以释放。如果共情不成功，我们可以通过多次的尝试，让幼儿感受到我们的真诚和耐心，温和地与他们建立情感连接。这比惯用的"停下来""你这样是不对的"要有效得多。

　　在日常生活中，对于不愿意跟随集体活动的幼儿，教师往往会不自觉地给他们贴上"不合群""行为怪异"的标签。作为幼儿教师，我们应更加敏锐地了解幼儿错误行为背后的目的。例如，在这个案例中，球球是一名缺乏爱和安全感的幼儿。教师通过聆听球球的内在需求，为他创设了一个"情绪安全"区，并有效地帮助他积极地面对负面情绪，给予他空间和时间去释放自

己，并发展出良好的情绪和内心的安全感，从而逐渐获得价值感和归属感。

作 者 信 息

姓　　名：林哲媛　　　　　　单　　位：广州市天河区辰康幼儿园

第三章

依赖他人

奶奶的"小挂件"

行为关键词：过度依赖

运用正面教育理念：关注问题的解决，而非让孩子付出代价。

运用正面教育工具：特别时光。

行为描述

  我国教育家陈鹤琴先生曾说："凡是儿童自己能够做的，应当让他自己做。"这不仅对培养孩子的独立性、自理能力很重要，同时也培养了孩子的责任感，使孩子能对自己的生活、行为负责。

  现在很多孩子因为家庭原因，缺乏和其他孩子交往的机会。家长的过度溺爱、包办替代，导致孩子依赖性不断被加强，从而出现了缺乏主见与自信，甚至不敢和外界交流的情况。孩子步入幼儿园后，这样的现象会更加明显。因此，教师需要与家长共同配合，帮助孩子改善依赖他人的行为习惯。

小班开学的第一天，蛋蛋在班级里不哭不闹安静地坐着，可是同时她也拒绝和任何人交流，拒绝进餐和饮水。当老师和她沟通的时候，她既不回应也不和老师有眼神的接触，和同伴之间也没有互动和交流。但是当奶奶来接蛋蛋放学的时候，她便会飞快地奔跑过去，马上开始叽叽喳喳地和奶奶讲话。

在和蛋蛋妈妈的交谈中，我了解到蛋蛋是一个特别缺乏安全感的孩子。由于父母工作特别忙，蛋蛋从小便由奶奶照顾，因此会特别依赖奶奶。进入幼儿园前，蛋蛋几乎没有主动和家人以外的人进行沟通。同时，蛋蛋的生活自理能力、语言表达能力都比较弱，不能完整地表达自己的需要。

通过一段时间的观察，我发现蛋蛋是在奶奶的过度保护中长大的。只要蛋蛋一抬手，奶奶就知道她想要做什么，并且马上代替蛋蛋完成这件事情。蛋蛋几乎不需要表达，也没有表达的机会，更不需要自己动手穿衣、吃饭。

进入幼儿园已经一周了，虽然蛋蛋从来都不哭不闹，但每当我们跟她说话时，她就低着头，只回答一个字——"好"或者"不"。

每天的午睡时间，是蛋蛋最难熬的时候。每次午睡前，蛋蛋都会大哭大闹，不愿意和其他孩子一起睡觉，显得非常地焦虑。怎样才能更好地帮助蛋蛋缓解情绪呢？我想到了正面教育理念中的一句话：关注问题的解决，而非让孩子付出代价。

蛋蛋的焦虑来源于对奶奶的依赖，不习惯自己的事情自己做。根据蛋蛋的情况，我决定使用正面教育中的"特别时光"工具卡。我先与蛋蛋妈

妈商量，在家和在幼儿园都分别和蛋蛋安排特别时光。以前都是奶奶陪着蛋蛋睡觉，现在改为由妈妈每晚睡前陪伴蛋蛋。刚开始的时候，蛋蛋奶奶会刻意在蛋蛋入睡前的时间外出，蛋蛋也从一开始的不适应到逐渐投入到了与妈妈的特别时光里。后来即使蛋蛋奶奶在蛋蛋入睡前不外出，蛋蛋也会和妈妈进行特别时光。

在幼儿园，我和蛋蛋商量把特别时光安排在午睡前。因为蛋蛋喜欢听故事，我便在特别时光时给她讲故事，或者和她一起读绘本。有一天，我发现蛋蛋会在睡前等我，我很开心地给了她一个拥抱。第二天，蛋蛋先挑好了绘本，又在等我。我面带笑容地对蛋蛋说："谢谢你挑好了书，这本书选得真不错，我很喜欢。"后来当听到绘本中有趣的情节，蛋蛋都会和我对视，腼腆地笑，同时也会用点头、摇手及一些简单的话语和我交流。慢慢地，蛋蛋的眼睛里有了光，脸蛋上有了笑容，也能和老师同伴进行更多的交流。

通过特别时光，我发现蛋蛋不再只依赖奶奶，对妈妈、老师的信任都在逐步加深，慢慢地也会参与到集体活动当中。当有人问她话时，她会看着别人的眼睛，以简单的话语进行回应。在我们的共同努力下，蛋蛋一步步脱离依赖他人，慢慢融入集体中。

自我反思

通过不断学习与实践正面管教，我发现在对待不同的孩子时，我们需要针对不同的问题实施不同的策略。蛋蛋的情况相对特殊，因为少了父母的陪伴，对奶奶尤为依赖，在进入幼儿园前家长并没有认识到问题的严重性，而奶奶也只会一味地宠溺蛋蛋。但家长不知正是这份特殊的爱，形成了蛋蛋对奶奶的过度依

赖。当蛋蛋离开奶奶时，焦虑及无助会让她无法融入集体生活。教师在发现问题后，并没有强制地与孩子进行交流，而是先了解问题背后的真实原因，再和家长开展沟通，获得家长的支持，并推荐家长使用正面教育工具，最终通过家园合作的方式，共同帮助幼儿成长。当我们给孩子传递了爱的鼓励后，便能更好地走进孩子的世界，了解孩子的真实想法，有的放矢地去教育和爱孩子。

作 者 信 息

姓　　名：弓婷婷　　　　单　　位：广州市幼儿师范学校附属幼儿园

请相信我，我可以自己做

行为关键词： 习惯接受他人的帮助

运用正面教育理念： 尊重与平等、和善与坚定并行、不娇纵不惩罚。

运用正面教育工具： 赋予孩子自主权。

行为描述

3—6岁是幼儿自理能力培养的关键时期。在这个阶段，幼儿需要从学习如何生活开始，逐渐培养良好的生活自理能力，为今后的全面发展打下良好基础。但有些幼儿会为了寻求自身所需要的归属感和价值感，不愿意独立尝试，而是习惯于求助和哭泣，依赖他人的帮助，享受被服务的权利感。但往往在这个时候，孩子便失去了独立发展的机会。所以注重培养幼儿的自理能力是尤为重要的，因为这与孩子健康成长密切相关。如何激发幼儿的独立意识，培养自理能力，是幼儿阶段学习与发展的重点。

情景案例

经过上学期两个月的学习，班里大部分孩子已经能够自主穿袜换鞋，只有洋洋比较依赖他人，从来都不会自己穿脱鞋袜，每次都等待着老师的帮忙。这一天午睡后，孩子们都坐在了自己的位置上换鞋子，洋洋拿着袜子对我说："老师，帮我穿袜子。"我回应道："洋洋，你应该尝试一下自己穿，如果不行，我再来帮助你。"顿时，洋洋眉头紧皱，带着哭腔说道："不要，我不会穿，你帮我穿。"还记得前几天，我在洋洋的反复请求下，边帮他穿袜，边教他穿袜方法，还鼓励他尝试多动手，并学会自己调整袜子。但直到现在，洋洋似乎丝毫没有自主穿袜的意愿，一拿到袜子便眉头紧皱。这时，洋洋激动地哭着大喊："帮我穿袜子！"

我们要如何帮助孩子摆脱这种依赖他人的习惯呢？这时，我想起了正面教育的基本理念之一：尊重与平等、和善与坚定并行、不娇纵不惩罚。我反思过去几天自己的行为，发现自己其实也是在骄纵孩子。每当洋洋请求或者哭闹，我便替他完成了他原有能力自己完成的事情。其实洋洋并不是学不会，而是想"偷懒"。他习惯了得到老师的关注和帮助，而我也因为着急、想省事、赶时间，无意中契合了洋洋"通过无能无助及哭泣的手段得到帮助"的想法。洋洋享受着被服务带来的权利感，因此更不愿独立穿袜，同时也失去了独立发展的机会。

我思考着应如何让洋洋转变观念，培养他独立自主的意识以及自我服务的能力。于是我想起正面教育的一个工具：赋予孩子自主权。首先，前几天我已经教给洋洋自己穿袜的技能方法，接下来，我需要与孩子共同解决这个问题。

我轻声地与洋洋聊天："洋洋，你已经长大了，要学会自己的事情自己做，包括自己穿袜。""我不会穿袜。"洋洋立马回答道。我接着说："老师已经教过你方法了，也带着你进行了练习。我希望你能自己尝试，如果还是不会，我可以继续教你。"洋洋眼睁睁地看着我，但不说话。

随后，我还与班里的老师进行了沟通，如果洋洋又哭着要求我们帮他穿袜，我们需要统一行为——不再帮他穿。我们需要给予他时间慢慢练

习，同时也不要给洋洋过多的关注，以免洋洋继续依赖我们的帮助。当洋洋意识到班上老师们的行为和态度发生了变化时，他更加崩溃地大哭起来，试图吸引我们的注意。

我意识到这时候应该再给予洋洋更多的信任和鼓励，于是对他说："我相信你可以自己穿袜子，只有你自己知道怎么穿得最舒服！"洋洋的哭声慢慢变小，他自己低头，独立地穿好了袜子，还换上了鞋子，然后搬着椅子回到了座位上，仿佛什么事情都没发生。

之后的几天，午睡起床后，洋洋仍说不会穿，一番挣扎后最终还是自己成功地穿上了鞋袜。看到洋洋的进步，我深感欣慰。洋洋正在慢慢改变依赖他人的习惯。在洋洋连续几天都独自成功换鞋后，我和洋洋轻声交谈："这几天老师观察到你都是自己穿袜换鞋的，真不错！自己穿袜换鞋的感觉如何呢？"洋洋回答我："我自己穿也是可以的，我之前只是比较懒。"我接着说："老师知道洋洋是个独立的好孩子，而且还掌握很多小本领。我们长大了，要自己的事情自己做，我们一起加油，好吗？"洋洋点点头，开心地笑了。

后来洋洋再也没有要求我们帮他穿袜换鞋，每天起床后，他都会自觉迅速地穿好鞋袜，并搬椅子回到班上。看到洋洋点点滴滴的进步，我们每一位老师都倍感欣慰。

自我反思

案例中，教师意识到自己过往的行为反应可能会导致幼儿习惯性依赖他人，使幼儿失去发展自我服务能力的机会，丧失面对和解决问题的能力。因此，教师运用了正面教育工具——赋予孩子自主权。教师行为的转变让幼儿意识到哭闹和发脾气并不能达到目的，从而开始改变想法，积极思考解决问题的方法。在这个过程中，幼儿的独立和自主意识也得到了发展。

在教给幼儿穿袜子的方法后，教师后退一步，给予幼儿空间和时间去尝试实践，并适时加以鼓励与帮助，让他对自己的价值有新的认识，并通过新的方式找到自己的位置，不再依赖教师的服务。接着，教师再给幼儿足够时间反复练习，最后帮助幼儿形成良好的生活自理能力。这样的做法不仅满足了幼儿自我发展的需要，也促进了幼儿的全面发展。

作 者 信 息

姓　　名：汤倩怡　　　　　　单　　位：广州市天河区天府幼儿园

我学会了剥虾

行为关键词：依赖他人

运用正面教育理念：花时间训练，小步前进。

运用正面教育工具：花时间训练。

行为描述

在幼儿园，大部分幼儿不会剥虾、剥鸡蛋、剥橘子等，这说明幼儿对成人有较强的依赖性，缺乏基本的生活自理能力。《3—6岁儿童学习与发展指南》明确指出："良好的生活习惯和基本生活能力是幼儿身心健康的重要标志，也是其他领域学习与发展的基础。"因此，培养幼儿的自理能力是非常有必要的。

情景案例

情景案例一：

午餐时间到了，何老师推着餐车说道："今天是宝贝们最喜欢的宝宝饭和虾哦。"这时活动室沸腾了起来，小朋友们都很开心，纷纷走到餐车面前观望。

这时，我发现丰丰不太开心。我蹲下来询问："丰丰，怎么了？今天吃你最喜欢的宝宝饭耶！"

他嘟着嘴巴说："我不喜欢吃虾。"

我接着继续追问："为什么呀？虾很好吃，而且很有营养呢。"

他将头扭了过去："我不喜欢剥虾，我有点害怕。"

我笑了笑："哦，原来是不喜欢剥虾呀。没事没事，我来教你吧！"

这时，他便哭了起来，一直挥着手说："我不要学，我不要学。"

我看着他，轻轻地对他说："好的，宝贝。我们不学，你今天只需要看着我剥就好了。"说完，他点了点头，并平静了下来。因为，当时我想起了正面教育工具"花时间训练"的第一步，让孩子看着你做一件事情，并友好地向孩子讲解。因此，在剥虾的过程中，我以有趣的对话形式和丰丰交流关于虾的话题，并讲解了如何剥虾："首先，用手将虾头拧掉。接下来就是剥虾脚了，你猜一猜你的虾有几只脚？"他摇了摇头。"那我们一起来数一数吧！"刚开始他没有说话，看着我自己数了起来，过了一会，他也跟着数了。

数完后，丰丰主动跟同桌分享："我告诉你们，虾有十只脚。"接着，我告诉丰丰："要一手抓住虾身，一手从虾的侧身将虾壳剥下来，然后抓住虾尾，轻轻一撇，虾就剥完了。"丰丰认真地听我讲解剥虾的技巧，不一会儿，剥好的虾就被他吃完了。

情景案例二：

又一次午餐吃水煮虾时，我发现丰丰提着虾须，静静地看着，但始终没有动手剥虾。我走到丰丰旁边，放大音量说道："哇，今天有我最喜欢的虾啊！"小朋友们异口同声说道："我也喜欢吃虾。"

接着，我缓缓蹲下来，看着他说："丰丰，你的虾在荡秋千吗？"

他没有看我。随后，我睁大眼睛说道："今天你的虾又会有多少只脚呢？"我突然发现他看了我一眼。这时，我想起了正面教育工具"花时间训练"的第二步，一起做这件事情。因此，我询问丰丰："我们可以一起剥吗？"他点了点头表示同意。在剥虾的过程中，我又一次讲解了如何剥虾，并和他认真地数了虾脚，我观察到他虽然看得很认真，但还是不敢剥也不敢碰。于是我询问道："你可以试着摸一下吗？就一下。"丰丰轻轻碰了一下虾尾，然后看着我微笑了一下。这时，我观察到他并没有那么抵触，就继续鼓励他："丰丰，我知道你有点害怕和担心，但是我相信你是可以将虾尾撕掉的，对吗？"其他小朋友也开始鼓励他："剥虾很容易的，而且虾已经死了，不用害怕的。"说完，他没有犹豫，将虾尾撕掉了。撕完之后，他拿起虾邀请我继续和他一起剥，并愿意尝试自己剥虾壳、虾脚了。

接下来，我们需要给孩子提供时间，让孩子有机会尝试做这件事情，因此我故意走开了。回来时，他又拿起虾看着我，寻求我的帮助。我蹲在旁边，继续鼓励他："哇，刚刚我们一起剥完了第二只，这一只我在旁边看着你自己剥完，可以吗？"他没有出声，但我发现他的手放在了虾头上，于是我说："对的，首先我们要将虾头拧下来。"他停顿了一下，和他坐在一起宁宁说："你看，像我这样把头转一下，就拧下来了。"听完，他照着宁宁说的弄了起来，嘴里还说道："接下来要剥虾壳和虾脚了。"我回应道："没错！"

经过多次训练之后，我发现丰丰已经学会了剥虾，所以我邀请他上台示范，并教其他小朋友剥虾。在这个过程中，他很认真地讲解着如何剥虾，在受到同伴肯定的同时，他还特别有耐心地帮助不懂剥虾的小朋友。从他的笑容里，我感觉到了他的成长。这天晚上，丰丰妈妈给我发来了微信："符老师，丰丰说想你了。"家长表示："丰丰今天一回家就和我们说符老师教他学会了剥虾，还让他上台教其他小朋友了，他很开心。"这件事让我认识到，在孩子的成长过程中，我们和孩子的爱是相互的，付出总会有收获。

自我反思

　　在幼儿的日常生活中，很多时候需要我们给予幼儿具体、明确的训练。花时间训练孩子的技能，应该成为班级管理的一个常规内容。在案例中，教师并没有选择包办或者认为教幼儿剥虾是很麻烦的事情而放弃引导幼儿掌握剥虾的技能，而是通过观察，并运用正面教育工具——"花时间训练"的四个步骤，认同幼儿的情绪，引导幼儿从看虾—摸虾—剥虾的过程中慢慢建立自信心，从而学会剥虾。这个学习过程既能让幼儿在轻松、愉悦的氛围中感受着每一次进步带来快乐，也能够让作为教师的我享受孩子在跟随我不断学习新技能的过程，感受孩子和家长对我的喜爱。

作 者 信 息

姓　　名：符永姣、谢琼　　　单　　位：广州市天河区荟雅苑幼儿园

依赖也值得被鼓励

行为关键词： 不自己收拾东西

运用正面教育理念： 关注问题的解决，而非让孩子付出代价。

运用正面教育工具： 专注于问题的解决方案。

行为描述

《3—6岁儿童学习与发展指南》指出："幼儿身心发育尚未成熟，需要成人的精心呵护和照顾，但不宜过度保护和包办代替，以免剥夺幼儿自主学习的机会，养成过于依赖的不良习惯，影响其主动性、独立性的发展。"幼儿园的幼儿处于自我服务发展的重要阶段，需要培养幼儿的独立性。在幼儿园的生活中，我也发现部分幼儿过于依赖他人，遇到困难只会选择逃避，从而减少了自我思考。

每个幼儿都需要独立，只有不断地独立，去除依赖他人的心理，才能够帮助幼儿不断地成长。独立性对于幼儿健全发展和今后生活的重要性不容忽视。那么，如何培养幼儿的独立性则是我们作为教师所应重视和思考的。

情景案例

　　体能活动结束后，我看到自己左手一件衣服，右手一件衣服，满地杂乱，便问："这些宝贝是谁的呢？满地都是，它们在哭泣，找不到自己的家了！"身边的幼儿纷纷跑过来，偷偷告诉我，是涵涵的。我的眼睛看向涵涵，发现他一直在活动室内不停地走动，无所事事，身旁有很多自己的事情都没有做。突然，一个声音从活动室里传出来："都是涵涵的。"另一个声音也喊出来："全部都是涵涵的，扔得到处都是。"讨论和指责的声音不停在我耳边响起，而涵涵也没有理会，继续玩他的玩具，还说道："这不是我的，是别人的！"

　　涵涵平时也是这样的情况，每次都等着身边的同伴帮助他收拾整理。长期这样，可以看出他已经养成了依赖他人的习惯。见此现象，我冷静地走到涵涵旁边，轻轻地在他的耳边说："涵涵宝贝，你还有什么事情没有做呢？现在需要做什么事情呢？"涵涵这时候似乎意识到了自己还有其他的事情没有做，但他依然很不情愿。我接着鼓励他："涵涵，自己的事情自己做，我们一起把它们送回家哦！"他这才慢慢地行动了起来。若涵涵不改正这个依赖他人的习惯，长此以往他的独立性将会越来越差。此刻我想起了我所学习的正面管教小工具：关注于解决方案。

　　首先，要让孩子发现问题。我决定召开班会，和孩子们聊聊天。班会活动上我问涵涵："刚才发生了什么事情呢？"涵涵说："小伙伴们都在说我的衣服到处丢。""那你觉得怎么样才能解决问题呢？"涵涵说："我可以自己做好自己的事情。""其他的小伙伴们还有好办法吗？"一个小伙伴说："我可以帮助涵涵一起进步。"另一个小伙伴说："我们可以提醒他做事情。"还有的说："我们还可以陪他做好每件事情。"我邀

请涵涵，把自己能够整理的事情画下来。

这时，孩子们头脑风暴出了很多解决方案，我让涵涵选择一个自己最能接受的方案，他选择了"自己的事情自己做好"。我也鼓励他：如果能坚持自己的事情自己做一周，不需要老师再三提醒，我将会给他小小的鼓励贴，贴在鼓励树上，每天都把他自己独立完成的事情写在上面，也让同伴们一起参与鼓励，让他也能感受到成就感。涵涵欣然同意。

一个星期过后，我发现涵涵的变化很大。他能够自己装水，自己拿书包，自己叠衣服，自己坐在位置上，很多很多的事情都不再需要提醒了。他从一开始的过度依赖他人转变得越来越独立，让同伴都感叹不已。不仅如此，他现在也能在做好自己事情的同时，帮助班上做值日，例如帮忙整理书包柜、帮忙监督同伴喝水，这些行为都让我们感受到了涵涵的进步和成长。

自我反思

　　让幼儿自己解决问题，比教师的说教更有效。案例中的事件在我们日常的教学中经常发生，但很多时候我们都是泛泛而过，缺少思考和解决问题的方法。在这个案例中，我运用了正面教育的小工具，让幼儿专注于问题的解决方案，从而帮助涵涵改善依赖他人的行为习惯。这样的方式不仅解决了涵涵的问题，也让班上的其他幼儿学会了如何去帮助他人。今后，我将继续学习正面管教的知识，让工具落到实地，帮助和陪伴幼儿共同成长。

作者信息

姓　　名：林婉婷

单　　位：广州市天河区美好居幼儿园（和美园区）

第四章

爱发脾气

我不是故意的

行为关键词：乱涂乱画

运用正面教育理念：纠正行为之前先建立连接（关系）。

运用正面教育工具：倾听。

行为描述

　　蓝蓝很敏感，一旦他感觉别人不喜欢他时，就会大发脾气，出现抓人、踢人、扔东西、甩凳子或跑出课室等行为，这种情况几乎每天都在班里上演。我尝试和他讲道理，但蓝蓝捂着耳朵不愿意听，还不断发出尖叫。《3—6岁儿童学习与发展指南》提到，中班的孩子在"活动时愿意接受同伴的意见和建议"。显然，蓝蓝并不太愿意接受他人的建议。如何帮助蓝蓝学会与人相处，形成基本的认同感和归属感？这一问题困扰了我很久。

情景案例

　　孩子们正在安静地做表征，突然，天天大声投诉："老师，蓝蓝乱画我的本子！"他边哭边说："蓝蓝把我的画涂得乱七八糟！真丑！都怪他！都怪他！"坐在旁边的玲玲也说："金金老师，我看到蓝蓝画了天天的本子，他就是故意捣乱！"我一边安抚天天，一边观察蓝蓝的状态，发现蓝蓝噘着嘴不说话，表情紧张而又不知所措，小手握得紧紧的，一副随时准备发怒的样子。

我回忆"儿童行为背后的错误目的表"中的分析，了解到蓝蓝行为背后的信念是："唯有得到特别关注或特别优待时，我才有归属感。"所以，这一次，我没有马上找蓝蓝谈话，而是在平复天天情绪的同时等待蓝蓝自己先平静下来。果然，蓝蓝这一次并没跑出课室，而是默默地看着我，小拳头也不再紧绷。我把握时机，轻轻地抱了抱他，说："你现在看上去很生气也有点难过。"蓝蓝沉思了一会儿："他们都不知道我为什么要画天天的本子！"我平静地说："是的，如果是老师，我也会难过的。"蓝蓝诧异地看了看我，我能明显感觉到他整个人都放松了，便带着他坐到娃娃家的小沙发上："蓝蓝，我相信你不是故意要画天天的本子的，对吗？你能告诉我发生了什么事吗？"他并没有直接回答我的问题，低着头说："他们也不对，说我故意画天天的本子。以后我再也不跟天天坐了。"

我想，要怎么引导蓝蓝主动解决这个问题呢？"倾听"是正面管教的一个有力工具，倾听时要避免给建议，要相信只要你的学生能得到倾听，他就会把事情想清楚。所以，我接着说："其实，刚刚天天已经原谅你了"。蓝蓝抬起头："我刚刚不是乱画。是因为我看到他的画上有个圈圈画得不清晰，所以想帮他画一下，但是他们说我捣乱，我很生气，不想和他们说话了！"我看着蓝蓝的眼睛，告诉他我的想法和感受："确实是，如果我被别人误解，我也会很难受不想说话的。那小朋友为什么会认为你是故意画天天的本子呢？""因为他们不知道我在帮助天天，以为我在捣乱。""那怎么样才能让别人知道呢？""我跟他们说清楚吧。""那可以怎么说呢？"蓝蓝想了想说："天天，你这里画得不清楚，我帮你画

吧。""嗯，这个方法可以。"我鼓励蓝蓝，"那现在你可以做些什么安慰天天呢？"蓝蓝说："嗯，我需要给他道歉。"说完，他慢慢地走到天天身边："天天，对不起，我不是乱画你的本子，是看到你的圈圈画得不清楚，所以我想帮你画。"天天摸了摸脑门，问："在哪儿？我看看。"蓝蓝指了指本子上那个小小的圈圈，天天笑了，说："哦，我都没发现呢！谢谢你！"

通过使用正面教育工具——倾听、拥抱、有限的选择、特别时光和积极的暂停等，蓝蓝从乱发脾气到肯讲道理，从不接受批评或不好的评价到愿意接受并主动改正，从离开集体到主动和同伴一起玩游戏，从不愿分享到积极分享。现在的蓝蓝非常爱集体，会关心同伴，当看到地上有水渍，他还会提醒同伴小心，并主动拖干净。蓝蓝的变化让我很欣慰，我很为他开心。

自我反思

孩子年龄小，社会交往技能弱，在遇到不愉快的事情时，常常会选择不恰当的方式表达自己的情绪和感受。当我了解了儿童行为背后的错误目的，学习了孩子行为背后的信念，在面对每一次挑战时，我会冷静地思考：孩子想通过这个行为表达什么呢？他背后的信念是什么呢？我又该如何更好地帮助他呢？同时通过"积极的暂停"，让自己在平静的同时感受自己内在的需求，当有情绪来时，先自我观察这些情绪来源于哪里，是我的还是孩子的，是我的我该如何去控制，是孩子的我如何才能帮到孩子等。

当孩子有不恰当行为时，成人可以通过运用倾听、认可感受等正面教育工具，与孩子建立情感连接，帮助孩子识别并以恰当

的方式表达自己的感受，纠正行为。在这个过程中，老师也给孩子做出了一个如何恰当处理情绪的好榜样。

作 者 信 息

姓　　名：钟金连　　　　　单　　位：广州市天河区辰康幼儿园

把"生气小怪兽"赶跑

行为关键词： 不愿起床

运用正面教育理念： 和善与坚定并行。

运用正面教育工具： 愤怒选择轮。

行为描述

在幼儿园的一日生活中，时常会遇到幼儿发脾气、闹情绪的现象。幼儿爱发脾气、闹情绪会有这几种行为表现：大喊大叫、哭闹、打滚、打同伴等。幼儿期是培养幼儿积极情绪、调节情绪能力的关键时期，所以我们要捉住此关键期，注重关注孩子的情绪问题，日常中仔细观察孩子的情绪，并及时加以引导，帮助孩子学会调节自己的情绪，用适宜的方式发泄情绪。

情景案例

一天，午休结束的音乐响起，小权却不想起床。他嘟着嘴在小床上不肯穿衣服，用双脚用力地敲打着床板。旁边几个小朋友捂着耳朵说："别踢，好吵啊！"小权听见大家的指责后更激动了，他立马蹦下床，躺在地板上滚来滚去，并且大哭大叫。

幼儿爱发脾气或闹情绪有生理、心理上的原因。幼儿的大脑神经系统功能发育还不完善，普遍情绪易怒且难控制。同时，幼儿的道德意识处于初步形成阶段，是非观念还停留在较幼稚水平。小权作为家中年纪最小的"二孩"，家庭教育方式缺乏科学性，家长溺爱和纵容的现象严重。在多重因素下，小权的情绪调控能力一直以来都比较弱，行为受情绪影响很明显，会频繁出现情绪失控、暴怒的行为。此时此刻，小权正处于情绪无法自控的状态，如果老师以批评、说教的形式介入，肯定会引起小权更强烈的抵触情绪。只有当小权真正感受到老师的理解和关心，他的自我感觉好了，情绪稍稍平复之后，才能更愿意接受老师的引导和帮助。

如何能先让小权的情绪平复下来？我想到了正面教育中的"纠正前先连接"，纠正错误之前要先和孩子建立情感连接，才能积极地影响孩子。这时，非语言沟通的力量是无形却有效的。小权的情绪依然很激动，他满脸通红，眼泪和鼻涕把小脸蛋变成了"小花脸"。我在小权的身边蹲下来，拿毛巾把他脸上的眼泪和鼻涕擦掉，然后轻轻地握着他的小手。小权停止了大喊大叫，虽然仍躺在地上气呼呼地嘟着嘴，但明显情绪已稍微平复了。

我要捉住这个时机，表达对孩子感受的理解。于是我对小权说："你还想睡觉，对吗？""嗯。"我接着说："还想睡觉，但要起床，是不开心的，关老师理解你的心情。这么舒服的床，我也很想再多睡一会儿。"小权抬起头看着我，说："我就是想继续睡觉！"小权发现我没否认他，而是和他站在同一立场，便放下了戒备之心，我们之间的距离也因此拉近了不少。借此机会，我也向小权表达我的感受："你躺在地上让关老师很担心，地上可冷了，你先坐起来，我们再来解决问题，好吗？"小权听后坐了起来。

帮助孩子探讨他们的选择会带来什么后果和把后果强加给孩子这两种

方式有极大的不同。让孩子参与到解决问题当中来，鼓励孩子自己思考，并且专注于解决问题的方法，善用启发式问题能帮助孩子更积极、更大程度地参与解决问题。我问小权："现在小朋友们都在做什么？"小权轻声回答："起床。"我继续问："可你还没睡够怎么办？"小权说："那我继续睡觉！"我克制住对他说教的冲动，问："你觉得如果继续睡觉，会发生什么事情呢？"小权想了想说："那我就吃不了午点，玩不了玩具了。"我接着问："那如果现在你和小朋友一起起床呢？"小权认真地思考了片刻，说："那我就可以吃到午点，也可以玩积木。""嗯，那你想选择继续睡觉还是现在就起床？"这次，小权毫不犹豫地回答："我要起床！"

起床事件得到解决了，但这只是一个小事件，无法控制情绪才是小权经常发生类似事情的根本原因。我想再利用启发式提问帮助小权解决闹情绪、爱发脾气的问题。于是在小权起床后，我牵着小权去到安静无人的角落谈心。我说："看到你现在笑眯眯，关老师很开心。你现在的感觉怎么样呢？"小权露出甜甜的笑脸说："我现在很高兴。"我继续问："那刚刚呢？发生了什么事情？"小权有点不好意思："我发脾气了。"我问："发脾气的感觉怎么样？"小权说："好像有怪兽在我的肚子里。"小权能表达出他发脾气时的感觉对他来说非常不简单，我接着他的话："下次小怪兽又来了，怎么把它赶跑？""那我就呼气把它吐出来！"我给小权一个大拇指："这个方法真不错！还有吗？"小权想了想，一口气说了好多个方法："我去操场跑步把它吓走""我数手指"……我随即认可了小权想出来的这些办法，并提议把它们画下来，制作成"愤怒选择轮"，每当发现小权的"生气小怪兽"跑出来了，我们都能找到赶跑它的方法。

情感是维系师幼关系的纽带，理解、尊重是一种强大的力量，让幼儿处于和善而坚定的氛围中，鼓励幼儿自己解决问题，比指责、批评、说教更能取得积极的效果。从每一件小事积累，如案例中的"起床事件"，教师能运用正面教育工具，帮助幼儿学会正确面对情绪，培养良好的品格以及社会交往技能，让幼儿受益终身。

姓　　名：关子瞳　　　　单　　位：广州市幼儿师范学校附属幼儿园

我需要冷静

行为关键词：输了就大喊大叫

运用正面教育理念：不骄纵不惩罚。

运用正面教育工具：

1. 积极的暂停。
2. 愤怒选择轮。

行为描述

大班孩子的情绪易受外界影响，具有冲动性、不稳定性、外露性等特点。我班小文小朋友常常因别人没及时满足他的需求而发脾气，用哭闹、"歇斯底里"的叫喊等方式来表达自己的不满。通过家访，老师了解到，小文父母对孩子非常宠爱，没有原则，久而久之，孩子就形成了以自我为中心，一旦不顺心就发脾气的性格。

情景案例

这一天，孩子们在区域中自主地选择自己想要玩的材料和玩伴。就在大家正玩得不亦乐乎的时候，突然"啊"的一声大叫，引起了所有人的注意。还没等大家察觉声源，接着又发出了"啊，啊，啊……"的几声，原来是小文在喊叫。只见他跑到榻榻米上，坐着放声大哭起来，嘴里还一直大喊着："怎么能这样？我不和你玩了！"原来小文在棋艺坊下围棋时，被小伙伴打吃了他的棋子。小文觉得，只要他参与游戏就一定要赢，不能输，只要一输，他就会以发脾气的方式来表达自己的不满和取得别人的及时关注。

《3—6岁儿童学习与发展指南》中提到"允许孩子表达自己的情绪，并给予适当的引导"。旁边有几个小伙伴来安慰发脾气的小文，我在一旁观察，没有马上上前帮助他。但小文不接受小伙伴们的安慰，我便坐在旁边轻轻抚摸他的头，一边帮他擦拭眼泪，一边轻声引导他述说事情的经过。等他说完，我共情地回应："我知道你现在的心情有点糟糕，但是糟糕的情绪不仅让自己不开心，也影响了其他小朋友和老师，我们一起把这糟糕的情绪赶走好吗？"听完我的话，小文并没有认同，仍然坚持地大声叫喊："不不不！为什么要这样做？我很生气，我很生气！"看到小文这样的表现，我内心既恼怒又担心，怎么样才能帮助小文解决他目前的情绪问题呢？

我想到了正面教育中的"愤怒选择轮"与"积极的暂停"工具。我调整好自己的情绪，微笑着说："现在有什么老师能帮助到你的？是积极的暂停，还是愤怒选择轮？"过了好一会儿，小文才从嘴里挤出几个字："我需要冷静一下。"我意会到小文这时需要将自己的情绪暂停下来，我尊重他的想法，让他自己走进我们创设的"安静小屋"（积极暂停区）里，尝试平静下来。

午间散步时，我拉着小文的小手说："老师今天发现你能够在不开心的时候尝试冷静下来，你现在觉得怎么样？""我现在不生气了。""每个人都会有情绪，当面对愤怒的情绪时，你会怎么做呢？"小文看了看我，没有立刻回答。

　　到了午睡时，小朋友们都安静地躺下了，小文悄悄地走过来，小嘴凑到我耳朵旁说："我生气是代表不开心，因为不喜欢下棋输了。""嗯，如果我下棋输了也会不开心的。那你觉得不开心的时候，还可以怎么做呢？"小文指了指"安静小屋"和班上的"愤怒选择轮"，说："可以去安静小屋，也可以进行选择。"我开心地拥抱着小文，说："确实是的，愤怒选择轮上有很多做法能帮助调控愤怒的情绪，我们可以根据选择轮上面的提示来帮助自己调节，或者也可以像你今天上午在"安静小屋"一样，让自己冷静下来。我相信你以后能做得更好！"在这次的谈话后，我发现小文的情绪控制能力增强了许多，在与小伙伴的相处中少了愤怒的尖叫，多了合作的笑声，这让我倍感欣慰。

自我反思

　　情绪能左右人的行为，导致孩子因情绪问题而产生不当行为的因素有很多，如成人对孩子情绪的影响、外部环境的改变、社交能力的不足、语言动作发展不统一、孩子想引起他人的关注、"自我中心"思维方式、身体不适或缺少关爱和安全感等。妥善调控自己的情绪是人的一种能力，帮助孩子提升情绪调控能力，学习情绪管理并理解孩子的需求，才能真正地帮助孩子。教师是与孩子接触最为密切的重要他人，案例中小文在教师的引导与共情下，从一开始的情绪愤怒到能平静倾听，慢慢地学会了自己调节情绪。在这个过程中，孩子在成长，教师也在不断地成长。

作 者 信 息

姓　　名：邓美凤　　单　　位：广州市天河区金燕幼儿园（云山园区）

第五章

不善沟通

交朋友，我能行

行为关键词：缺乏自信、不愿表达

运用正面教育理念：孩子感觉好的时候，表现才会好。

运用正面教育工具：纠正前先连接。

行为描述

对于刚刚进入幼儿园的孩子而言，可能因为心理压力导致他们产生不安或者恐惧的情绪，因而会出现缺乏主动沟通、不愿意发表意见的情况。在与同伴和教师交流时，孩子可能会表现出沉默不语、表情木讷、情绪消极等状态。作为教师，需要帮助孩子增强在人际交往中的自信心，促进孩子更好地适应新环境，不断提高交往和沟通能力。

情景案例

曼曼是一名三岁的女孩，刚来到幼儿园时十分不适应，表现出极为强烈的抗拒感，并且十分依赖父母。在幼儿园里，无论是游戏、睡觉、进餐，曼曼大部分时间都独自进行，即使偶尔与其他同伴交流，也显得十分生疏。就连老师与她聊天，她也鲜有积极的回应。

集体活动时，我打算邀请孩子回答问题。当我扫视教室，发现曼曼低下了头，躲避我的眼神。我邀请曼曼起立回答问题，她却显得十分扭捏，站在原地无法说出话来。身边的同伴都看着她，有的在偷笑，有的大声说道："老师，她平时都不跟我们讲话的！"话音刚落，活动室内顿时爆发出一阵又一阵笑声。曼曼独自站在那里，脸蛋瞬间变得通红。看到曼曼十分难堪的模样，我便让她坐了下来。

集体活动后，我将曼曼单独带离了活动室。

"曼曼，你能告诉我，今天活动的时候为什么不愿意回答问题吗？"我问道。曼曼低下了头没说话，仿佛不愿与我沟通。

此刻我想起正面教育的基本理念之一：纠正之前先连接。

于是，我对她说道："曼曼，幼儿园里有很多小朋友都很喜欢你，十分希望能和你一起玩，老师也很想跟你聊天。你看，有那么多关心你、喜欢你的人，为什么不愿意与我们说说话呢？"

"我……我害怕。"曼曼揪着衣角，显得十分不安。

我想，曼曼之所以不善沟通，正是因为她对自己缺乏自信心。不相信自己能适应幼儿园的生活。因此，我首先需要让曼曼感受到，我正在聆听并将认可她的感受。于是我说："能告诉老师是为什么吗？"

"我不知道该怎么跟他们玩，我……"曼曼看起来十分无措，似乎马上就要掉眼泪了。见状我赶紧安抚她："别哭，你可以跟老师讲你的真实想法，老师会耐心听的。"

曼曼继续说道："我觉得他们都不愿意跟我玩，我只想自己一个人。"

曼曼害怕跟他人沟通交流，是源于对自己的信心不足。在陌生的环境中，她会因为害怕而产生抵触，这时候需要肯定孩子的情绪，认可这种情绪的存在而非否定它。

于是我说："曼曼，有这样的感受很正常，老师很高兴你能讲出

来。"曼曼眨着眼睛看着我，似乎没有预想到我会这么说。此时，我进行了第二个步骤"纠正"，鼓励曼曼提出好的解决办法，为孩子创设完整的自我突破路径。

我说："曼曼，你知道吗，其他小朋友们都跟我说你很可爱，他们都很想跟你玩。可是每次看见你总是一个人，他们还以为你讨厌他们呢。所以，以后可不可以试着主动跟他们讲讲话呀？"

"真的吗？"曼曼有些不敢相信。

"当然是真的呀，他们悄悄跟我说的。小朋友们都很喜欢你，都想跟你交朋友，为什么不试试跟他们多说说话呢？试一试，会发现惊喜的，好不好？"在我温柔的注视下，曼曼点了点头。

在接下来的日子里，我时刻关注曼曼与其他孩子的交流情况，并积极为曼曼创设表现的平台，以提高她的自信心。日常活动中，我积极连接曼曼的情绪，经常在她身边说："曼曼，你可以找小朋友玩啊，老师相信你可以的！"曼曼鼓起勇气与其他小朋友聊天，其他的孩子十分高兴她的加入："太好了，曼曼，来跟我们玩吧！"渐渐地，曼曼的笑容也越来越多了。

随着时间的流逝，曼曼主动与同伴交流的次数变多了。由一开始的局促，到后来能一句句地将话语述说完整，再到后来可以流利地表达自己的想法，自如地与同伴沟通。曼曼渐渐地从不善与他人沟通的小女孩，成长为一名活泼开朗的"小公主"。班级内的孩子们也越来越喜欢跟她一起玩游戏。

看到曼曼的变化，我笑着说："曼曼，你很棒！"随后，我又利用班会课的时间，在全班孩子面前及时地对曼曼进行了表扬："大家要向曼曼学习，她的进步很大。"随着时间的推移，曼曼逐渐建立了自信，能够与其他孩子进行更多的沟通和交流，能流利地表达自己的想法，还能够积极主动地参与各类活动和游戏。

自我反思

　　"孩子需要鼓励，就像植物需要水。"没有哪个孩子天生是十全十美的，每一个孩子都有自己恐惧和不擅长的事物。当孩子自信心不足时，作为教师一定要做到及时觉察，在觉察之后积极与孩子形成情感连接，提供强大的情感支持。只有真正解决孩子内心的不自信与恐惧，才能让他们更自信、更积极地与人进行沟通，才能更好地成就孩子的未来。

作 者 信 息

姓　　名：叶嘉琪　　　　　　单　　位：广州市天河区清荷幼儿园

我不是哭，是不知道怎么说

行为关键词： 用哭表达诉求

正面教育理念： 尊重与平等、和善与坚定并行、不娇纵不惩罚。

正面教育工具： 约定。

行为描述

《学前教育心理学》指出：幼儿心理健康的重要标志是情绪反应适度、社会适应良好，主要表现在能较快适应托幼机构的新环境、新生活。但是，当幼儿在日常生活中出现不良情绪时，大部分成年人会给予极大的包容，以求幼儿能尽快恢复冷静。由于没有真正帮助幼儿解决情绪问题，也没有提供解决问题的方法与技能，幼儿在成人的过度保护下，逐渐形成了不良的表达习惯，比如喜欢用哭来表达诉求。

情景案例

午睡起床音乐响起，大部分孩子都已经叠好被子、穿好鞋子。忽然，我听到一个不耐烦的声音："小雨又哭了，真讨厌！"有一个孩子轻声地对小雨说："不要哭，妈妈很快就来了"。杨老师和王老师也轮流走到她

身边安慰，但效果不佳。小雨一直哭，直到情绪缓解才停下。

小雨起床后哭闹的情况不是偶然事件，甚至已经形成了一种"习惯"。那么，我该如何才能有效地安慰她呢？我走到小雨床边，蹲下身问："小雨，你怎么啦？"她只是呜咽地哭着。我伸出手轻抚着她的头，同时温和地说："小雨，陈老师来接你起床了。"小雨流着眼泪，缓缓地伸出手。我握住了她的小手，并说："你的小手很温暖，握着很舒服，我们下来吧？"小雨点点头，下了床并穿上了鞋子。（脑科学研究表明，幼儿更多的是对成人的语气做出回应，而不是对他们说的话本身。我们需要以温和的语气、和善的动作、看着幼儿的眼睛与其建立情感连接，以确保能更好地传递爱的讯息、亲密和信任。）

我领着她到盥洗室，为她擦去眼泪，说："原来你的眼睛这么好看，你平时很爱护你的眼睛吧？"小雨乖巧地回答："是的，我妈妈也说我的眼睛好看。"看她愿意和我交谈，我追问道："你刚刚为什么哭啊？"她低头不语。于是我又接着问："是因为你不愿意离开那温暖的床吗？"她点点头。我说："你知道吗？老师也和你一样，有不愿意离开温暖的被窝的感受。但是有个小技巧可以帮助我们离开，你想知道吗？"

她好奇地看着我反问："什么小技巧？"我神秘地说："你猜猜看！"

她皱着眉头："你调了闹钟？"

我摇摇头说："幼儿园有美妙的音乐叫我们起床。"

她又说："那难道是你给自己数了十个数？"

我惊喜地说："是啊，你怎么知道的？这个办法很不错吧！"小雨开心地笑了。

我又追问道："你也用过这个办法吗？"

她摇摇头。于是我接着说："虽然你没有用过这个办法，但是你已经想到了！你很聪明！如果想用这个办法，就告诉我吧！"

她点点头说："我想用！"我伸出小拇指："我们拉钩，明天起不来的时候，你给自己数十个数就起来。"她笑着和我拉钩约定。我们很愉快地结束了谈话，小雨也比我想象中更快地整理好了情绪。

第一次的顺利互动让我倍感自信。第二天入睡前，我到小雨床边轻声说："还记得我们的约定吗？"她很快地回答："起不来的时候就数数！"我很满意地回应她："祝你做个美美的梦。"

起床音乐响起，我率先走到她的床边，看见她正准备哭泣。还没来得及反应，我就听到呜呜的哭声。我轻轻地拍着她的肩膀："小雨，还是想睡吗？没关系，记得我们的约定吗？要数数哦。"她还是在哭。"你是自己数，还是陈老师帮你数呢？"（给孩子有限制的选择，赋予孩子自主选择权。）

小雨哭着说："你可以帮我数吗？"见她有回应，我提出一个要求："很抱歉，我没能听清，你可以用清楚的声音说吗？"小雨擦擦眼泪："陈老师，你可以帮我数数吗？"我说："你可以用好听的声音说一遍吗？"小雨深吸口气："陈老师，你能帮我数十个数吗？"我很高兴地答应了："我听明白了你的需求，当然可以帮你数数啦！"数到十，小雨停止了哭泣，并开始下床叠被子。这是小雨第一次用正常的语气表达需求。（给孩子调整的时间，理解改变是有过程的，耐心等待孩子的成长。）

第二周，王老师给小雨扎好辫子，小雨突然坐在地上号啕大哭："不要！不要！"王老师连忙蹲下来："怎么啦？"小雨边哭边重复："不要！不要！"王老师问："为什么？你说出来，老师和你一起解决！"小雨还是不停地哭，还把辫子给解了下来。

我意识到她需要我的帮助。于是我点点头，对小雨说："如果你需要陈老师的帮忙，你就过来吧，我很愿意帮助你。"

小雨边哭边走过来，我马上问："我需要怎么做才能帮到你呢？"

小雨含着泪回答："我不要扎这样的辫子。"

我再次说："听不清，请用清晰的声音告诉我。"小雨慢慢地擦掉眼泪，深呼吸了几次，然后慢慢地说："我要扎两个麻花辫。"我看着她的眼睛，称赞她："好棒！你说得很清楚，而且你改变了你的语气！"然后我问她："你需要我的帮助吗？"小雨点点头，说："你能帮我扎两个麻花辫吗？"我很高兴地答应了。

在给她扎头发的时候，我说："你的声音很好听，你做得很好！只要你好好表达，老师和同学们都愿意帮助你。"小雨点点头，说："我知道了。"

在接下来的一段时间里，每当小雨用哭闹的方式表达需求时，我会用一个友好的信号——"我在听"，与她建立连接。我和班里的其他老师和家长也都用认可、语气、约定、坚持到底等正面教育工具来帮助小雨，使她逐渐养成了用清晰、好听的声音表达自己的需求的习惯。

自我反思

4—5岁正是幼儿锻炼自我情绪、行为控制能力的关键期。通过日常的情境锻炼，幼儿可以认识自身情绪，并用正常的方式表达需求，这对幼儿的社会性发展以及身心健康成长有重要意义与价值。

小雨在面对特别需求时，常常使用哭闹、重复简单的"不要""不好"的词语来表达自己的感受。当身边人无法与她建立情绪连接时，就会将标签贴在她身上，说她"爱哭"。这使得小雨的内心世界变得更加敏感，从而感到无助和紧张。作为教师，我们需要认同孩子的感受，积极亲近并接纳幼儿的情绪，使用适当的技巧与幼儿建立情感连接。幼儿需要经历一个从认知到调

整、改变再到掌握的过程。当幼儿反复哭闹时，我们需要保持良好的心理状态，保持耐心，秉持和善与坚定并行的理念，给予幼儿正确的引导，帮助幼儿逐渐掌握沟通技能，保护他们的童心，让他们健康成长。

作 者 信 息

姓　　名：陈俊琳　　　　　　单　　位：广州市天河区辰康幼儿园

解决问题我会好好说

行为关键词：咬人行为、身体冲突

运用正面教育理念：关注问题的解决，而非让孩子付出代价。

运用正面教育工具：纠正前先连接。

行为描述

　　中班幼儿正处于活泼好动、好奇心强但自控力差的阶段。在与同伴交往的过程中，幼儿会因为排队时同伴的插队、游戏时争抢玩具、遇到问题意见不合等问题而产生种种争执。相较于小班，中班幼儿的语言发展有明显进步，但由于情绪不稳定、社会经验缺乏等因素的影响，仍会出现不善于沟通的情况。在这些问题出现时，他们还不能熟练运用语言沟通的方式来解决，甚至偶尔会采取身体攻击的方式。作为教师，我们可以运用一些策略和方法，引导与帮助幼儿用沟通的方式来解决问题。

情景案例

　　有一天，我带领着A组的孩子在户外操场进行体育游戏。结束后，我

便带着孩子们排队回教室。这时，突然有一个男孩大喊："老师！小烨咬了小杰的胳膊。"我立即拉开小烨并问："为什么要咬小杰？"只见小烨的脸上满是生气，嘴里还发出"哼哼哼"的声音，手握成拳头，攥得紧紧的。其他孩子看到小烨咬人的行为后，都围了过来。其中有一个孩子说："小烨，你为什么咬人？这样不对！"小烨更加生气了，脸涨得通红，咬紧牙关一言不发。突然，他又做出了用手打人的动作，看见这种情景，我立即制止了小烨的行为，并让其他老师带着其余的孩子先回教室。

其他孩子离开后，小烨的情绪仍未平复。我牵着他的手，来到了操场安静的角落里，在那里静静地待了几分钟，小烨的情绪慢慢平静了下来。我想到正面教育中的一句话：关注问题的解决，而非让孩子付出代价。于是，我开始使用正面教育中的小工具——认同感受。

我说："小烨，你可以告诉老师刚刚你跟小杰发生了什么事情吗？为什么你要咬小杰呢？"情绪平静下来的小烨说："刚刚排队的时候，小杰一直是站在我后面的，但是后来他插队了，排到我前面去了。"这时，我才了解到小烨咬小杰的原因。所以，我需要先处理孩子的情绪，向孩子表达我对他此时的感受的理解。

我说："小烨，你遵守排队的规则，在这方面你做得很对，小杰插队的行为确实不对。我理解你的心情，因为有一次老师在外面买东西的时候，也有一个人插队到我前面，我的心情跟你是一样的。你可以生气，每个人都有生气的权利。但是通过咬人的方式来解决问题是不正确的。"

接下来需要和孩子共同寻找解决问题的办法，而不是让孩子付出代价。我说："解决问题的办法有很多种，让我们一起想想，怎么解决小杰插队的问题呢？"小烨说："我可以轻轻地拍拍他，告诉他不可以插队，这是不正确的行为。"我给他竖起一个大拇指说："嗯，很棒！你能想到用语言沟通的方法，来提醒他插队是不正确的行为。那请你下次遇到这个问题的时候，也尝试使用这种方式来解决，或者你可以选择跟我说清楚情况。"小烨答应了，于是我说："小烨，因为这次你解决问题的方式是不对的，所以现在你需要向小杰道歉。同时，我也会提醒小杰不可以插队，他也需要跟你道歉。"

小烨和小杰在我的见证下相互道了歉。最后，我让小烨告诉我，如果以后再发生类似的事情他应该怎么做。小烨说："我会轻轻拍一拍他，告诉他不可以插队，如果他还是不听，我就会选择跟老师说。"我对小烨说："好的，我相信你记住你说的话了。下次再遇到这种情况，一定要记得用这种方法来解决哦。"我们伸出小拇指拉钩约定。

自此之后，我更加关注小烨的行为，每当他遇到类似问题时，我会观察他是如何解决的。起初，小烨仍通过发怒、大吼等方式表达自己的不满。每当出现这种情况，我便会及时地将他带到安静的角落，询问道："小烨，还记得你跟老师约定好的方法是什么吗？"经过几次的提醒后，他渐渐地学会了通过语言沟通的方式来解决问题。

自我反思

　　作为教师，在孩子遇到问题时，要及时引导孩子自己解决问题，我们需要关注的是问题的解决方法，而非让孩子付出代价。案例中的小烨出现咬人行为的根本原因是不善于通过沟通的方式表达自己的想法，从而选择了咬人来抒发情绪。这时候，教师选择了使用正面教育工具，通过认可孩子的感受，安抚了孩子激动的情绪。随后，通过谈话引导的方式引导孩子想出解决问题的方法，最终找到了适合的方法。

作 者 信 息

姓　　名：赖慧珊　　　　　　　单　　位：广州市天河区童睿幼儿园

第六章

胆怯焦虑

我爱幼儿园

行为关键词： 抗拒回园

运用正面教育理念： 孩子的首要目的是追求价值感与归属感。

运用正面教育工具：

1. 特别时光。

2. 纠正之前先连接。

行为描述

　　琪琪小朋友很抗拒上幼儿园，经常在早上回园时就出现很大的情绪，如哭闹、干呕等现象。然而，她的家长表示她在家里情绪稳定，进餐正常，没有出现在幼儿园进餐时会出现的呕吐、挑食的情况。

　　中班幼儿正处于形成自我评价的发展期，自我意识逐渐增强，具有认识自我的能力，渴望得到同伴、老师的肯定。当幼儿对自我认识产生偏差、在集体中缺乏归属感时，会出现各种情绪及不良行为。成人需要看见幼儿行为背后的原因，使用正面教育工具帮助幼儿树立信心，获得归属感。

这天早上，琪琪在家开始哭闹着不想上幼儿园，说幼儿园的饭菜不好吃、没有朋友跟她玩、××也说不跟她做朋友了。当家人好不容易把琪琪带到幼儿园门口，她却又出现呕吐的状况。幼儿园校医建议回家休息，琪琪听到后脸上立即浮现一丝开心的神情。琪琪妈妈不放心，带她到医院咨询，医生说琪琪的身体很健康，并没有任何问题。琪琪回到家后一切正常，也没有再出现呕吐及哭闹的现象。

第二天琪琪按照跟妈妈的约定正常回园，在幼儿园门口停留了15分钟后，挂着眼泪很不情愿地回到班上。我过去牵着琪琪的手，热情地迎接她："哇，终于等到琪琪回来了，老师和小朋友都很想你呢！"琪琪还是抽泣着，不停地抹眼泪。我静静地陪着她坐在身边，轻声地说："我知道你现在有点伤心，想哭就哭出来吧！"（共情琪琪的感受，帮助她舒缓当下的情绪。）

大约过了20分钟，琪琪似乎感觉好一些了。于是，我对她说："好点了是吗？我想抱一抱你，可以吗？"她不好意思地转过身，但身体微微地向我这边倾斜。看得出她还没有完全准备好，却也盼望着我能抱抱她。于是，我轻轻拉着她的手，看着她的眼睛说："看到你不哭了，老师感到开心。你想玩什么？我陪你去。"

琪琪迟疑了一会儿，说："我想跟文文一起玩积木，可是他那天说不想跟我做朋友了。"

我回应说："那你一定很难过！"她点点头，委屈地掉下了眼泪。

等琪琪情绪渐渐平复，我建议道："要不我们一起过去主动邀请他。说不定他今天改变主意了呢？"

琪琪还是有点难为情，轻轻地靠到了我的身上，我想她已经放下对我的戒备心，这是情绪连接的前提。于是，我说："我们一起去看看他在玩什么吧？"（尝试逐渐与琪琪建立连接，只有感受好起来，才会做得更好。）

琪琪走到文文身旁小声地说："我想和你玩。""好呀！"文文爽快地答应了。我用赞许的表情朝他们点了点头。看到他们在建构区玩得很愉快，琪琪之前的坏情绪也烟消云散，我便放下了心。（鼓励幼儿加入同伴游戏，体验主动表达愿望，让她感受到被"看见"。）

到了午饭时间，琪琪因不喜欢幼儿园的饭菜，站在门口不愿意入座。我过去和琪琪说："幼儿园的饭菜可能不是琪琪喜欢的菜式，不过却是厨房的叔叔阿姨们用心做出的饭菜，我们可以尝试品尝，说不定你能吃出不一样的味道。"琪琪小声音地回答道："我不想要那么多菜和饭。"我说："可以呀，你想吃多少就取多少。你先尝一点儿，等会儿跟老师分享你的感受，好吗？"（倾听琪琪内心的想法，让她放下进餐的焦虑。）

当琪琪在进餐时，我对大家说："哇，老师看到琪琪能荤素搭配，不仅选了香香的肉丸，还有绿油油的青菜，吃得可香了！"琪琪开心地很快吃完碗里的饭菜。

"老师，我觉得今天的饭菜有点好吃！""厨房的叔叔阿姨听到你的评价一定很开心哦！""老师，你能告诉厨房的叔叔阿姨我还很喜欢吃他们煮的番茄味意大利面吗？""可以呀！我们一起去告诉他们吧！"我带着琪琪来到厨房门口，琪琪向工作人员表达了谢意以及自己的感受，她对此感到很高兴。（认真倾听琪琪的表达，并完成她的小愿望。）

现在的琪琪很享受与老师一起聊天的时光，"老师，我今天下午要去上舞蹈课。""老师，我刚刚看到门口有只小鸟。"……进行户外活动时，琪琪也会及时跟老师分享她的所见所闻。倾听，建立起了她与老师之间的连接和信任，让琪琪找到安全感和归属感。（给予琪琪特别的时光，进一步建立情感连接，让她享受被倾听、被看见。）

在一次探讨"如何把区域材料收拾整齐"的活动中，琪琪积极发表自己的建议："我觉得可以将材料分类放在小盒子里，框框靠着柜子的边上，就很整齐了！"我及时肯定："谢谢琪琪为我们提供了一个很棒的方法。"琪琪看到大家为她竖起大拇指，开心得小眼睛都眯了起来。（在日常小事中让琪琪收获肯定和自信，进而获得归属感。）

自我反思

　　琪琪是中班插班生，在一个陌生的环境里，面对新同伴、新老师，琪琪还没能在新的集体中找到安全感、归属感，遇到小问题就很容易逃避和退缩。中班年龄段的幼儿从独自玩转变为合作玩，在这个过程中容易发生冲突和矛盾。正处于社会性交往的发展阶段的琪琪，在规则意识和交往行为、社会礼仪等方面需要教师给予更多的关注与引导。正面教育中提道：归属感是人的首要动机，其行为需求背后都是归属感和价值感的体现。因此，营造安全、和谐、有爱的班级环境，增加师幼互动、幼幼互动的机会，有助于琪琪获得安全的心理环境，进而获得归属感。

　　经过两个月的适应期，琪琪逐渐能保持愉快的心情回园，同时拥有很多好朋友，也更加积极主动地为班级做事。在这个过程中，我采取正面教育理念：建立情感连接，从细小的事情出发，倾听、关心、看见、鼓励、启发孩子，让孩子在集体中产生安全感、归属感和价值感。

作 者 信 息

姓　　名：杨柳琴　　　　　　单　　位：广州市天河区辰康幼儿园

我只是喜欢，不是偷

行为关键词：私自拿他人物品

运用正面教育理念：关注问题的解决，而非让孩子付出代价。

运用正面教育工具：纠正前先连接。

行为描述

幼儿园小班的孩子年龄较小，对于没有见过或自己喜欢的东西都会非常感兴趣。他们并没有物品所有权的意识，只知道喜欢就想要，不管别人是否同意，在别人不注意的时候会悄悄地把东西拿走。

良好的行为习惯对于孩子的成长有着重要的作用，如何引导孩子知道私自拿走他人物品的行为是不正确的并改正，是我们努力的方向。

情景案例

体育活动后，孩子们拿出自己的干净衣服准备更换，我发现戴眼镜的小全在更换完衣服后并没有戴上眼镜，便询问道："你的眼镜呢？"小全表示刚刚放在书包里，但现在不见了。

这时传来小睿的声音："老师，这不是小全的眼镜吗？"周围的小朋友开始七嘴八舌地说："是宁宁把小全的眼镜拿走了！""老师，我刚刚看到宁宁拿了眼镜。""对对！我也看到了！"当我走到宁宁身边时，只见他神色紧张、脸色通红，手上慌张颤抖地拿着小全的眼镜。要解决问题首先要知道发生了什么。于是，我先示意配班老师安抚其他的小朋友，组织他们继续更换衣服，然后我轻声询问宁宁："眼镜为什么会在你这儿？"宁宁红着眼说："我很喜欢他的眼镜，所以想拿过来帮他保管一下！"在交谈的过程中，我了解到，宁宁因为很喜欢眼镜，便产生了想带回家玩的想法，他担心小全不同意，所以没有经过小全同意就把眼镜偷偷装进了自己的书包。

我想，我首先要理解孩子，在纠正前先建立连接，然后用孩子可以理解的方式进行换位思考，帮助他矫正错误。我说："那么漂亮的眼镜，老师也很喜欢呢！小全肯定也很喜欢自己的眼镜，对吗？""我想是的。""老师知道你有一张你很喜欢的漂亮贴纸，如果这张心爱的贴纸不见了，你心里会怎么样呢？""不行不行！"宁宁嘟着嘴说道，"我会着急，会伤心的。""是的，小全找不到眼镜也会很伤心的，对吗？"宁宁点点头表示赞同。

对于孩子来说，枯燥的说教是无效的沟通。于是，我和孩子们一起阅读《小兔阿布和布娃娃》，通过孩子更能够接受的方式帮助孩子理解自己的问题与错误。我提出问题："阿布拿了小猪的东西，要怎么做才能让小猪不伤心呢？"孩子们纷纷说出自己的想法："要把小猪的东西还给他。""给小猪再买一个！""抱抱小猪，安慰他。"……宁宁也开口道："把小猪的东西放回去。"

宁宁意识到应该把悄悄拿来的东西放回去后，我便示意他大胆地去做。当宁宁把眼镜还给了小全，并向他道歉后，我及时地给予宁宁鼓励和表扬："宁宁很喜欢小全的眼镜，所以他忍不住把眼镜放进自己的书包里，但他知道这样做是不对的后，很勇敢地把眼镜还回去，并向小全道歉。知错能改就是好样的！让我们给勇敢的宁宁一点掌声吧！"在小朋友们的掌声中，我相信宁宁会像阿布一样不再悄悄拿走别人的物品。

自我反思

　　鼓励孩子主动地去改正不良行为比批评和纠正更有效。本案例事情虽小，但意义重大，作为年龄小的孩子，不能意识到自己哪些行为是错误的，如果用成人的角度去批评和纠正可能会给孩子带来逆反心理和伤害。利用正面教育工具，先了解孩子此行为背后的原因，再表示对孩子的理解，同时让孩子换位思考此行为给他人带来的伤害，最后用符合他们年龄特点的绘本阅读的方式，让孩子知道如何解决类似的事情。有了意识并能勇敢解决，不仅能帮助孩子建构正确的价值观和道德观，也给其他孩子做了很好的示范。

作 者 信 息

姓　　名：李慧杰　单　　位：广州市天河区体育西幼儿园（悦景园区）

我不要玩滑滑梯

行为关键词：胆怯焦虑、克服困难

运用正面教育理念：纠正行为之前先建立连接（关系）。

运用正面教育工具：共赢的合作。

行为描述

幼儿阶段是身体发育和机能发展极为迅速的时期，也是安全感和乐观态度的重要形成阶段。3—4岁小班幼儿的情绪易外露且不稳定，由于还不能很好地识别与控制情绪，所以在感到害怕或受挫时，幼儿往往选择放弃、逃避等方式来确保自己在安全范围内。作为教师，需要运用正面教育引导幼儿勇于突破心理防线，克服困难。

情景案例

肖老师带小朋友们来玩滑滑梯，霖霖却转身溜达到转角的平衡木上坐了下来，肖老师发现后牵着他走向滑滑梯的楼梯处，但一靠近，霖霖就用没有被牵住的小手掰开了老师的手，并大声说："我不要玩滑滑梯！"肖老师只好让他坐在旁边。霖霖蹲下来摸摸沙子，笑着看小朋友玩滑滑梯，偶尔和滑梯上的小朋友交流两句。霖霖不喜欢玩滑滑梯的情况我也有留意到，因为他是一个敏感且缺乏安全感的孩子，在陌生的环境里会表现得极为怯懦和抗拒。他的运动能力比较弱，害怕一些有困难的活动，经常一个人在一旁看其他小伙伴活动。我记得刚开学时，霖霖在玩滑滑梯时好像发生过让他觉得不舒服的事情。于是，我坐到了霖霖旁边，问道："老师记得你第一次到幼儿园的时候可喜欢玩滑滑梯了，不过在结束时好像发生了一些不愉快的事情，你还记得吗？"霖霖看了我一眼又立刻转移视线，手上玩沙的动作变成玩手指，没有任何回应。我又问："你当时感到害怕吗？"霖霖自然地说："怕呀！"为了引导他克服心理障碍，重新参与到和小伙伴的游戏当中，我决定采用正面教育工具——认同感受、给予关注、关注于解决方案，来尝试帮助霖霖。

首先，我对霖霖害怕玩滑滑梯的感受表示理解。我说："你的小脚被卡住，这让你感到害怕和无助是正常的，老师的脚小时候也被罐子卡住过，拔不出来，老师当时也害怕极了！"我故意做出一个夸张的表情，霖霖看了笑了起来。我接着说："后来，是老师的妈妈帮助了我。上次你的小脚是老师帮助你拉出来的，所以老师以后也一定会继续保护你的。"霖霖看着我的眼睛不说话，我用肯定的眼神继续说："你相信我吗？"霖霖犹豫了一下，点了点头，我轻轻地拉着他的小手："我们去试一试吧！"霖霖很小声地回应："好。"

我园的滑滑梯有两个入口，我选择了一个不用经过麻绳网的入口；"现在我们先从中间开始，需要牵着我的手吗？"只见霖霖紧紧地抓着我的手爬上来了。当跨过一个悬空处时，霖霖露出了笑容，我马上给他一个大大的拥抱："你真勇敢，做得很好！你感觉怎么样？"霖霖笑着说："好玩！"接着霖霖和我一起又玩了好几次，随着次数的增加，霖霖不再牵我的手，我只在一旁站着看着他，给他安全感。慢慢地，霖霖可以独立玩

滑梯，过程中不时发出愉快的笑声。虽然他还是不敢到麻绳网那儿，但是已经有了很大的进步。

第二天，我邀请一名小朋友主动找霖霖一起玩滑滑梯，霖霖开心地接受。两人手拉手来到了麻绳网，霖霖的笑容马上收了起来，松开了小伙伴的手。看着小伙伴爬进麻绳网，他却待在了原处。小伙伴转头向他招手："霖霖，快进来呀！"霖霖的脚步挪动了一下，侧脸看了看我，我摸了摸他的小脑袋，说："去吧，老师就在这里。"霖霖慢慢伸手抓住了麻绳网，小心翼翼地通过。经过了很长一段时间，霖霖成功地通过了麻绳网，布满汗水的脸上也露出了大大的笑容。

从此以后，霖霖对滑滑梯不再表现出抗拒了，还会主动邀请小朋友一起玩滑滑梯。虽然他在通过麻绳网时依旧需要紧紧抓住绳子，小心通过，但是速度提升了许多。从霖霖的表现来看，他已经突破了自己的心理防线，克服了胆怯和焦虑。

自我反思

　　小班幼儿年龄小，语言表达能力弱，在他们表达不喜欢或者排斥的情绪背后，一定有原因，我们可以通过谈话等方式了解幼儿的所思所想。本案例呈现的是幼儿在自己的需求不被满足或遇到挫折、困难所表现出来的典型情绪状态行为。为了能有效地帮助霖霖，我利用正面教育工具，尝试找出原因，认同他害怕的感受，与他共情，让霖霖能感受到被爱与理解。然后找到适合他的办法，通过用行动带领霖霖从易到难去突破困境，用肯定的眼神和话语激励霖霖的每一个小进步，让霖霖知道老师时刻关注、陪伴、保护着他，以此减少霖霖产生害怕、胆怯的心理。同时，巧妙地运用小伙伴间的邀请和鼓励，让霖霖增加克服困难的勇气。本案例让我懂得了在处理孩子的情绪和排斥问题时，需要使用正确、合适的方式与方法，才能在愉快的状态中自然而然地帮助孩子克服心理障碍，勇敢面对困难。

作 者 信 息

姓　　名：谢涵　　单　　位：广州市天河区体育西幼儿园（大观园区）

第七章

不守规则

不想睡觉也没关系

行为关键词：拒绝午睡、午睡吵闹

运用正面教育理念：关注问题的解决，而非让孩子付出代价。

运用正面教育工具：共赢的合作。

行为描述

在组织午睡的过程中，经常碰到一些入睡困难的孩子，表现为午睡时哭闹、玩手指、自言自语、抠床板、踢别人床铺，甚至需要教师陪伴等情况。有些孩子则是没有养成午睡的习惯，比较散漫。3—6岁的孩子正处于秩序敏感期，让他们在统一的时间睡午觉，同时也是培养孩子集体意识与集体责任感的一种形式。教师有必要在实践中实施相应的策略，帮助幼儿入睡，从而有效地改善幼儿的午睡质量，并帮助幼儿习得良好的行为习惯。

情景案例

孩子们换上拖鞋如厕后，陆陆续续地找到自己的床铺躺下。突然，阅读区传来一个声音："我不要睡觉，我要看恐龙，邓老师说我可以不睡觉。"原本安静躺在床上的孩子们也跟着坐了起来，喧哗声、讨论声不绝于耳。只见泽林越发地兴奋，从阅读区跑向老师集中区域。他双手拿着书，大声喊叫，来回跑着。在两次提醒和劝导无效的情况下，我示意保育老师先安抚其他的孩子进行午休。

我知道直接制止只会让泽林更加抗拒，不配合我们的指令，所以我想起了正面教育的基本理念："关注问题的解决，而非让孩子付出代价；确保把爱的讯息传递给孩子。"紧接着我进行了深呼吸，并决定使用正面教育的两个工具：赢得孩子合作的四个步骤和鼓励。

想要解决问题，首先需要安定泽林的情绪。我微笑着走向泽林，蹲下来，温柔地对他说："泽林，老师知道你现在睡不着……"还没等我说完，泽林的小脸就涨得通红，眉头紧皱，小嘴噘得高高的，双手握着拳头，愤怒地跺脚，说道："哼！我就是不想睡觉。我不要睡觉。"我立马起身抱住他，一边对他进行安抚，一边示意他坐下。

想要赢得孩子的合作，我需要表达对孩子内心需求的理解，让孩子知道老师是明白他的意图、是爱他的，从而拉近和孩子之间的距离。于是，我拉起了泽林的手，看着他的眼睛说："好的，泽林现在睡不着。我可以允许你看书，但是有一个小小的要求，你想知道吗？"听到这，泽林紧皱的眉头微微舒展，放下了戒备和抗拒，点头答应。"你可以看书，但我希望你可以拿着书，在床上躺下来。现在是午睡时间，如果你坐在阅读区里看书，其他想看书的小朋友也会来阅读区。这不仅打扰了想睡觉的小朋友，你也不能安静看书了。"他思索了一会儿，手托着下巴，看着我说："那我可以坐在床上，不躺着吗？"我轻轻地点头示意，随后泽林便快速地坐在了床上。

泽林安静地看了两分钟书后，我想很有必要再次与他交谈。我说："泽林，我们的约定你做到了，老师很开心。你能告诉老师你为什么不想

午睡吗？"泽林面带微笑，歪着脑袋说："我睡不着，我在家都不午睡的，我妈妈说只要我不发出声音就随便我玩。"我点头回答："嗯嗯，原来我们泽林在家即使不想睡觉，也是可以做到不打扰妈妈的。那我们在幼儿园呢？回想一下，我们刚刚打扰到其他小朋友的行为是不是不太好呀？"泽林低下头，凑近我的耳朵说："嗯嗯，对不起。"我摸了摸他的脑袋："没关系，现在你都可以安静地坐在床上了呢。如果你看久了，觉得困了，我也希望你可以躺下来睡觉，我们身体也需要在睡觉的时候补充能量。"说完，泽林的小脑袋慢慢地靠在了枕头上，侧着身体看书。于是，我拿来一把小椅子坐在他的旁边，用手轻拍他的后背。"我困了，要睡觉了。"泽林边说边把书递给我，双手合拢放在左脸一侧，闭着眼睛，打了个哈欠，美美地入睡了。

正当我以为他能安静睡觉而准备起身离开时，他突然拉着我的胳膊，睁开眼睛说："我真的睡不着，眼睛闭起来也睡不着。"我安抚道："没关系，你已经很棒了，你的眼睛和身体都得到了休息，只要你不打扰别人就可以了。"我说完，泽林立马闭上眼睛，做出睡觉的姿势，一只手还抱着我的大腿不放。他说："我在家都是抱着我妈妈的胳膊才能睡着的。"我说："老师很爱你，也会陪着你的。安心睡觉吧！"在午睡的前半段时间内，泽林偶尔会睁开眼睛，确认我是否离开，待看到我还在他身边后，便又安心地闭上眼睛。到了午睡的后半段，泽林甚至还打起了呼噜。

起床后，我告诉泽林他打呼噜的事情。他还不好意思地说："睡觉好舒服呀，我还流口水了。明天我还想把眼睛闭起来，但是不想睡着。"自此，我与泽林达成共识：当睡不着的时候，可以安静地闭着眼睛，躺在床上，这时候老师会陪伴在他身旁。等到困了的时候，就可以自己独立入睡了。

自我反思

　　孩子的世界很简单，也很纯粹。孩子每一个问题与行为的背后都有其独有的特征和原因，我们需要秉持正面教育的理念，放慢脚步走近孩子，解读孩子。教师的正向引导，不仅仅是一次行为的转变，还是持续性地运用"和善而坚定"的理念来提高孩子的归属感、价值感和解决问题的能力。幼儿良好行为的习得，能够激发教师专业地运用新的理念来实践教育教学或家长工作，从而实现教育方式的转变。用积极正向的形式，让幼儿潜移默化地习得良好习惯和品格，也能帮助幼儿体验归属感和自我价值感。

作者信息

姓　　名：杨雪莲、杨欢　　　　单　　位：广州市天河区天润幼儿园

排在哪里都可以

行为关键词：排队相互推挤

运用正面教育理念：关注问题的解决，而非让孩子付出代价。

运用正面教育工具：共赢的合作。

行为描述

排队是生活中较为常见的社交行为，也是幼儿园班级中较为常用的规矩之一。在日常生活中，幼儿能够有序排队，但其对相关规则的认识仍不足，往往出现抢占队伍首位或相互推挤的情况。对于3—6岁的幼儿而言，他们的自我意识较强，自我控制能力却相对较弱。因此，作为教师，我们应当帮助幼儿了解排队的行为规则，让幼儿意识到排队的目的是为了让活动有序地进行，并学会通过排队来避免安全事故的发生。

情景案例

户外活动时间到了，我提醒孩子们在活动室门口排队。话音刚落，几个孩子同时冲向了门口。跑在最前面的三个孩子先在门口停了下来并开始发生了争执。童童用肩膀顶着心心，嘴里喊道："我先来的！我是第一！"这时心心很不服气地反驳："我才是第一！"还试图用手肘推开童童。站在一旁的乐乐则挤到了前面，大喊道："明明就是我先来的！"

随后排队的其他孩子也开始出现了推挤的情况，即使不能站在队头，他们也想尽量排在前面。顿时，场面有些混乱。我当下的第一个想法是先稳定孩子们的情绪，随后再作沟通。于是，我开始唱起了一首孩子们都很熟悉的手指谣，孩子们跟随着熟悉的节奏，原本杂乱的声音也渐渐地平静了下来。

手指谣结束后，离我最近的心心马上对我说："老师，明明是我先来！他们插队！"童童和乐乐正准备反驳，我赶紧拍拍他们的小脑袋安抚他们。我理解孩子们抢占排头的行为，但也知道更要教会他们在集体中遵守规则。面对年幼的他们，我想到了正面教育的一个工具：赢得孩子合作的四个步骤。

首先，我表达出对孩子感受的理解。我说："小朋友们，张老师知道大家都很想排第一，想要快点进行户外活动。老师非常理解你们着急的心情，就像热锅上的小蚂蚁一样，对不对？"孩子们听到"热锅上的小蚂蚁"都觉得十分有意思，轻轻地笑了起来。

接着，我表达出对孩子的同理心，让他们知道我也有同样的感受。我说道："张老师知道大家都很想进行户外活动，所以争着要排第一名。张老师也和你们一样，也很想快点排好队，到户外进行活动。我们幼儿园的户外活动可太有意思啦！"这时我发现，刚刚有推挤行为的孩子有些不好意思，但说到户外活动时，又忍不住看着我的眼睛点点头。我知道，孩子们已经感受到了我对他们的理解和宽容，有效沟通的氛围已经成功建立。

我轻轻地摸了摸刚刚抢占排头的三个孩子，温声说道："刚刚看到你们相互推挤的时候，张老师很担心你们摔跤，也很害怕你们会因此打架。本来我们是开开心心进行户外活动的。排队是为了保障我们的安全。如果

你们因插队而受伤，我会很伤心的。"这时孩子们都有些不好意思地看着我，童童主动回应道："排队的时候是不能挤来挤去的，那样很危险！"心心也很快接道："排在哪里都可以，要有耐心！"我及时对他们的回应做出反馈："你们都说得特别好！排在哪里都可以！不管排在哪里，最后我们都会一起去到户外。你们自觉排好队，我们才能有更多的时间玩耍，对不对？"孩子们很开心地齐声回答："对！"

通过这件事情，孩子们明白了排队的安全性比"排第一"更重要。但考虑到小班幼儿自我意识较强，自控力较弱，后续可能还会出现同样的问题，我便继续引导他们关注于解决问题，鼓励他们一起制定并遵守规则。我问道："我们班里有这么多小朋友，大家都想排第一，那怎么办呢？"孩子们热烈讨论起来，宁宁大声说道："老师我们可以轮流排第一！"之后，我们开始按学号轮流排队。孩子们在理解规则和遵守规则的过程中感受到了安全愉快地排队的好处。正面教育帮助我长期有效地解决了孩子们的排队推挤问题。

面对幼小的孩子，我们很容易忽略他们的能力与权利。作为教师，在日常活动中应该善于运用正面教育的理念看待问题，自觉运用正面教育的工具解决问题。当发现孩子排队时出现抢占排头且推挤的现象时，我及时引导孩子平复情绪、关注问题。在此过程中，让孩子感受到我对他们的理解，为孩子创设一个和善的氛围，进行有效沟通。从而，让所有的孩子明白规则的重要性，在遵守规则的同时也培养制定规则的能力。

作 者 信 息

姓　　名：张晓敏　　　　　单　　位：广州市天河区悦教布克幼儿园

对不起，我只是想和你一起玩

行为关键词： 偷藏物品

运用正面教育理念： 关注问题的解决，而非让孩子付出代价。

运用正面教育工具： 专注于问题的解决方案。

行为描述

　　大班幼儿自我意识加强，道德观念逐渐形成，能够按照规则约束自己的行为，行为更具有目的性。但由于自控能力较差，还不能将规则内化为内在的要求，从而难以形成一种习惯。当需求与道德规范相矛盾时，大班幼儿往往注重需求而忽视道德规范，会选择不恰当的方法吸引教师的注意力。此时，单纯地制止和批评是无效的，教师应教给幼儿交往技巧和行为规范，以培养幼儿的自我控制能力。

情景案例

　　户外体育活动中，一个声音传来："老师，名宇的水杯不见了。"孩子们听到后，纷纷帮忙寻找，却怎么也找不到。这时，另外一个声音也传来："刚刚他还喝着水，水杯放在水杯架后就不见了，会不会是哪个小朋友藏起来了？"第三个声音继续传来："会不会是子航藏的？他总是爱搞恶作剧。"这时子航闻声赶来，淡定地说："他的水杯不见了吗？刚刚我也去帮他找了呢，没找着。如果是我藏的我肯定知道在哪里呀。"我没有根据其他孩子的推测，询问或者质疑子航。我先安慰名宇："别着急，是不是忘记放哪里了？等会儿老师再仔细帮你找找。"其他的孩子听到后慢慢地散开了。

这时，我走到子航的身旁，对他说："子航，老师想请你帮个忙。你愿意和我一起找找名宇的杯子吗？"他说："我好像在沙池玩具柜里看到了他的杯子。"我和子航一起来到了沙池玩具柜前，看到了名宇的杯子。于是，我转过头对他说："子航，谢谢你帮助我找到杯子，作为奖励老师给你一张贴纸。"

拿到贴纸后，子航仿佛有点不好意思，我接着说："你帮助其他小朋友找到杯子，得到奖励却不是很高兴。你可以跟我说一说吗？"我牵着子航的手坐了下来，子航低着头想了想，说："其实名宇的杯子是我藏起来的，所以我才能立马找到。"我接着问："为什么呢？你可以告诉我发生了什么事情吗？"他说："名宇说他不愿意和我玩，还向我吐口水。我很生气，就把他的杯子藏起来了。"我说："老师很开心你能说实话，说明你是一个诚实的好孩子。但是，老师希望你能明白，把别人的杯子藏起来是不符合道德规范的。你想想，如果你的杯子被别人藏起来找不到了，是不是会很着急？你觉得你应该跟名宇说什么呢？""对不起，名宇！"子航说道。

我说："知错能改的小朋友，依然是老师最喜欢的宝贝。如果以后有什么让你不开心的事情，你都可以找老师。"子航听到我不但没有严厉批评他，反而表扬了他主动承认错误的行为后，有些羞愧地低下了头，并保证下次再也不随便把别人的东西藏起来了。试想，如果一开始我当着孩子们的面质问子航，不但伤害了他的自尊心，而且为了逃避责任，子航也不

会勇敢地承认自己的错误，从而形成一个恶性循环。

回到班级后，其他孩子问道："老师，名宇的水杯是怎么找到的？"我说："是子航帮忙找到的，谢谢他的帮助。"同时，我对孩子们说："我们要学会表达自己的想法和感受，不能因为生气而扰乱秩序，故意不守规则，这样的行为是不正确的。我们每个人都会犯错，但是知错能主动承认错误并改正还是好孩子，老师还是一如既往地爱你们。"

自我反思

本案例尝试运用陶行知先生的"四块糖果"教育理念来引导孩子。首先，学会宽容孩子，孩子犯错也是一种正常的现象，对孩子要有一颗宽容的心，并要学会成为一名合格的倾听者和引导者。其次，坚持正面教育的理念，激发孩子的羞耻心、荣誉感和自尊心，帮助孩子解放思想上的"疙瘩"，促使孩子能主动知错就改。多挖掘孩子的优点，要做到多肯定、少否定，忌一直挑孩子的缺点。再次，与孩子沟通时学会与孩子平等对话，不要以居高临下的心态对待孩子。

最后，案例中教师学会运用正面教育工具——专注于问题的解决方案，认同孩子的情绪，引导孩子反思行为，学会换位思考，鼓励孩子表达感受与需要。同时，教师善于抓住教育契机开展系列活动，增强幼儿的规则意识，不仅让当事者主动选择解决问题的方法，而且让全体幼儿都受到教育。作为教师，要以身作则，要做好幼儿的榜样，学会控制自己的情绪，用合理的方法来帮助孩子解决问题，习得规则，让幼儿认识到遵守规则的重要性，产生遵守规则的内在动机和愿望，使幼儿的规则意识和遵守规则的行为更加稳定、自觉。在客观上建立合理的规则，使幼儿遵守规则的行为更加规范、有序，以此让幼儿在之后的生活中也能自觉遵守规则，使我们的孩子能顺利适应即将进入的小学生活。

姓　　名：杨丽霞　　　　　单　　位：广州市天河区盈溪幼儿园

第八章

故意破坏

我也不想被批评

行为关键词：推倒积木

运用正面教育理念：关注问题的解决，而非让孩子付出代价。

运用正面教育工具：共赢的合作。

行为描述

在幼儿园，孩子们以各自的方式探索世界。然而，有一些孩子的行为却引起了我们的关注。小铭就是其中一个引起我们关注的孩子。他是一个聪明、独立、充满好奇心的孩子。但他的行为常让其他孩子与教师感到困惑。他经常会在活动中故意破坏一些物品，比如将积木到处乱扔，破坏书本，或者在画板上乱涂乱画，甚至在衣物上涂抹颜色。

最初我们把这种行为视作孩子们探索环境的方式，但随着时间推移，他的行为开始影响到其他孩子，我们需要引导他找到更好的表达方式。这种故意破坏的行为在孩子中常见，可能源于好奇、无聊，或想吸引他人注意力。但他的行为更频繁且严重，且他在破坏时，脸上常露出满足、兴奋的表情，我们怀疑这背后可能有其他原因。

作为教师，面对孩子的错误行为，不能简单批评或禁止，而是需要理解他们的需求，并通过正面教育的方法，引导他们找到积极的满足方式。因此，我决定观察小铭的行为，理解其背后原因，找到适合他的解决方案。

情景案例

　　一个晴朗的上午，我们在幼儿园的课室里开展室内区域活动，孩子们高兴地进入自己喜欢的区域，拿着材料进行操作。然而，我注意到小铭没有像其他孩子那样专注地操作他的材料，而是一直在环视周围。

　　不一会儿，小铭的行为引起了我的注意。他瞄准了益智区的一盒彩色塑料积木，快速地把积木从桌上扔到了地板上。积木撞击地板的声音立刻吸引了其他孩子的注意，他们纷纷停下了手中的操作，转头看向小铭。小铭看到这样的情况，嘴角露出了满意的笑容。这时我明白，小铭的行为不仅仅是简单的好奇或无聊，他的行为是一种试图吸引注意，表达自我存在感的方式。

　　我知道，如果我这时候批评小铭，他可能会生气、抵抗，甚至是把错误的行为升级。所以，我走过去，轻轻拍拍小铭的肩膀，把他带到一旁。我说："小铭，我看到你把积木扔到了地板上，这让其他的孩子们很惊讶，而你看起来也很开心。你能告诉我，你为什么要这样做吗？"小铭看着我，似乎有些吃惊我没有批评他，他犹豫了一下，然后说："我只是想玩一玩。"

　　这时，我明白了小铭行为背后的原因。他想要吸引别人的注意，想要别人关注他，这是他表达存在感的方式。然而，他可能并不知道他的行为已经影响到了别人。我知道，我需要帮助他找到一个更好的方式来达到他的目的。

　　我轻轻地握住小铭的手说："小铭，我理解你想要玩一玩，想要引起大家的注意。但你知道吗，把积木扔到地板上可能会让其他孩子感到害怕，而且也可能会把积木弄坏。如果你想要引起别人的注意，也许可以试试把你

制作的手工作品给别人看，我相信大家一定会很想知道你制作了什么。"小铭看着我，眼睛里闪烁着疑惑的光芒，他显然没想过这个方法。

于是，我引导他回到活动桌前，邀请他继续完成他的手工作品，并鼓励他在完成后与其他孩子分享他的作品。刚开始时，小铭显得有些迟疑，但在我耐心地鼓励下，他终于重新拾起了手中的工具，开始专注地制作他的作品。

小铭完成手工作品后，满怀自信地拿着他的作品走到了其他孩子面前，引起了一阵惊讶和赞叹。他的脸上立刻洋溢出了开心的笑容，他找到了一个更好的方式获得他人的关注，而且，这样做不仅让他的内心得到了满足，还让其他的孩子也收获了快乐。

从那天起，小铭故意破坏积木的行为减少了，他变得更加积极，主动地参与到活动中来，向别人展示他的作品，分享他的想法。这种改变让我感到很欣慰，我知道我已经帮助他找到了一个更好的方式来表达自己，满足他的需求。

然而，我知道我的工作还没有结束，我需要持续地观察小铭的行为，和他一起游戏和生活，帮助他懂得如何尊重别人，如何正确地表达自己的需求，让他知道每个人都是重要的，都值得被别人尊重和爱护。

我知道，这个过程会很漫长，也可能会遇到很多困难，但我相信，只要我们以爱心、耐心和理解对待每一个孩子，我们一定可以帮助他们找到他们自己的方式，让他们在成长的过程中感到快乐、自信、满足。

自我反思

通过这次经历，我更深入地理解了正面教育的重要性。每个孩子都有自己的需求和情绪，他们可能会用不同的方式来表达，包括一些我们可能看不懂的行为。作为教师，我们的任务不仅仅是教授知识，更重要的是理解和引导他们。

当我看到小铭故意破坏积木的行为时，我没有选择立即批评或惩罚他，而是尝试理解他的行为背后的原因。这让我看到了小铭的真实需求——他需要被看见、被关注，他需要一个表达自己存在感的方式。通过和他的对话，我找到了满足他需求的更好的方法，并帮助他实现了这一目标。

然而，我也意识到，我们不能只满足孩子的需求，我们还需要教会他们如何以正确的方式去满足自己的需求。这需要我们不断地保持耐心和努力，并以足够的爱心和理解去帮助每一个孩子找到适合他们自己的道路。

这次的经历也让我反思了自己的教学方法。在教学过程中，我会更加注重观察和理解孩子的行为，而不是简单地进行批评和惩罚。我会尽力让每一个孩子感到被理解和被接纳，让他们知道他们的情绪和需求都是被尊重的。我相信，这样的教学方式将会让我和孩子们共同成长，共同进步。

作 者 信 息

姓　　名：熊春燕　　　　单　　位：广州市天河区天府幼儿园

第九章

害怕困难

勇敢踏出第一步

行为关键词：害怕困难

运用正面教育理念：孩子感觉好的时候，表现才会好。

运用正面教育工具：

1. 认同感受。

2. 鼓励。

行为描述

随着年龄的增长，孩子学习和掌握的本领越来越多，面对的挑战与困难也随之增加。然而，仍然有一些家庭存在为孩子包办代替的现象，久而久之，孩子就会产生依赖心理，凡事都习惯依靠他人来完成。一旦遇到困难，孩子就会变得紧张和不知所措。如何让孩子具有勇气和信心去面对困难和挑战？这需要教师和家长共同努力，为孩子形成健全人格打下良好基础。

情景案例

幼儿园艺术节活动正如火如荼地开展。为了提高孩子的表现能力，锻炼他们的胆量，我们在班级中开展了"艺起show起来"活动，每天利用餐前活动十分钟让孩子展示自我。这个活动得到了家长的积极肯定，家长和孩子们纷纷主动报名并认真准备，每天的活动展示都精彩纷呈。

这一天是小阳表演的日子，前一天晚上，小阳妈妈告诉我他报名了表演绕口令，但现在小阳却有些紧张和害怕，不想展示。我安慰了小阳妈妈，引导她积极鼓励孩子，帮助小阳缓解情绪，做好心理建设。

早晨，孩子们正在进行晨间锻炼，但小阳却没有像往常一样参与，而是在场地中来回地走着。我心知他在担心今天的展示，但我还是装作不知情地走过去询问他。小阳小声地说："老师，我不想参与'艺起show起来'了。"我理解小阳感到害怕的情绪，但需要让孩子表达出来，才能解决问题。于是我问道："为什么突然不想参与了呢？"小阳回答我："我不敢在大家面前表演，我怕我做不好小朋友们会笑话我。"小阳能把自己的情绪主动告诉我，就是希望能得到来自我的帮助。我应该如何帮助小阳克服这一情绪呢？

此时我脑海里浮现出了正面教育的理念之一——"孩子只有感觉好的时候，才能做得好"，以及正面教育的工具之一——认同感受。认同感受的第一步，首先是要允许孩子有自己的感受，这样才能了解他们是否有能力自己进行处理。成人不要试图修复或者解救，更不需要试图说服孩子放弃这样的感受。

于是我给予了小阳一个拥抱，并对他说："我能看出来你有些害怕，每个人都会有紧张和害怕的时候，这是很正常的。老师想再给你一些时间

思考。如果你还是不想展示的话，我们可以等下次。"小阳点点头，表情舒缓了些。

接近午饭时间，"艺起show起来"即将开始。趁小朋友们正在自由活动，我走到小阳身边，轻声询问："小阳，你要参加今天的'艺起show起来'吗？"小阳思考了一会儿，然后回答道："老师，我有一点想表演，但又有一点害怕。"

听到他的回答，我十分欣慰，因为小阳已经意识到要直面挑战。孩子需要鼓励，就像植物需要水。此时此刻，小阳需要的是他人的鼓励。我微笑着说："老师看过你练习的视频，你的表演很精彩，老师都想向你学习呢！如果在小朋友们面前展示，他们肯定会为你鼓掌的！"听到这番话，小阳害羞地笑了，最终决定要参加表演。

表演开始了，小阳站上表演台，两只手有些无措。我立即给他一个微笑和加油的手势。小阳开始了表演。虽然一开始有些紧张，声音也比较小，但他坚持把节目表演完了。小朋友们纷纷为他热烈鼓掌，观众席中也传来了称赞："小阳好厉害啊！我也想学！"其他小朋友也开始应和，我看到小阳露出了开心的笑容。

自我反思

　　只有真正理解孩子的需求，才能真正地帮助孩子。在面对困难时，每个人都会感到畏难和害怕，当孩子退缩或者寻求成人帮助时，成人不应立刻帮助他们解决问题。相反，成人可以适当地给孩子提供时间，让他们思考。有时候，孩子并不是没有能力，而是面对困难时还没有意识到自己的感受。"感觉好了才能做得好"，当面对小阳的困难时，教师通过使用认同感受和鼓励的方式，引导孩子勇于面对挑战。我相信，小阳通过这一次的表演体验，会更加勇敢地面对生活中和学习中遇到的困难。我们应该静待花开，同时降低期许。尤其是善用鼓励的方式，能帮助孩子形成积极向上、勇敢的品格，这对孩子未来的发展具有重大的意义。

作 者 信 息

姓　　名：郑静钰

单　　位：广州市天河区金燕幼儿园（云山园区）

我想去试试

行为关键词： 对不熟悉的事物感到恐惧

运用正面教育理念： 接纳不完美，犯错误是学习的好时机。

运用正面教育工具： 鼓励/表扬。

小班孩子从熟悉的家庭环境来到幼儿园集体环境，无论是日常生活还是游戏中，或多或少都会遇到难以完成的事情。当面对陌生的环境和事物时，他们会产生抗拒和害怕的心理。当受到抗拒和害怕的情绪困扰时，他们很可能会选择封闭自己或者逃避现实。

在户外活动中，孩子们对篮球非常感兴趣，有的孩子迫不及待地拍球，有的孩子则在地上翻滚或者原地抱着球，和篮球玩游戏。但航航对于篮球的兴趣似乎并不高，甚至有点排斥拍球。每当有拍球活动时，航航就会默默地找个角落坐在篮球上，避免拍球。即使老师提醒他尝试拍球，他也会噘着嘴巴，一脸"不接受"，不愿意动手尝试。

对于航航的行为，我多少有些了解，因为航航对于不熟悉的事物总是表现出极度的抗拒。例如，他不喜欢吃水果，一旦他被强迫尝试，他就反胃。因此，航航不愿意拍球我并不觉得意外。

于是，我走向航航，弯下腰来和他说："航航，你不喜欢篮球吗？"航航抬头看了我一眼，双手紧紧地抱着篮球，站起来说："谢老师，我不知道怎样拍球。"我笑了笑，轻柔地问道："那你试过吗？"航航摇了摇头："我不喜欢拍球，我不要拍球。"

突然，航航大哭起来，并坐到地上，周围的孩子好奇地看着他。我知道，航航的情绪十分激动，这时如果我斥责他胆小或者不愿意尝试，他肯定无法接受，我也无法改变他的认知。

正面教育中提到要注意把握时机，要等到"非冲突"时间，等到能够给予鼓励、孩子愿意接受鼓励的时候。于是，我带着他来到滑滑梯旁。航航的哭声渐渐地弱下来，但他仍旧很不高兴。我问他："航航，你喜欢滑滑梯吗？"航航点了点头，于是，我让他去玩滑滑梯。航航有些犹豫，但最终还是去玩了。

过了一会儿，我见航航的情绪已经基本稳定，便开始安抚航航："航航，你在滑滑梯上玩得开心吗？"航航点了点头，又摇了摇头。我笑着问道："为什么点头又摇头呢？"他小声地说道："老师，我喜欢滑滑梯。"我明白了航航的想法。"那么，为什么你不开心呢？""因为一个人不好玩。"航航回答道。于是我说："那我们下次和班上的小朋友一起玩吧。"

当你学会倾听孩子的内心时，孩子才会相信你也在倾听他们，他们才会倾听你，航航也不例外。在航航冷静下来前，我让他自己去玩滑滑梯。他冷静下来之后，发现一个人玩很孤独，这正是他需要依赖身边的人的时候。我蹲着身子小声地与航航聊天，这也让他慢慢地感到信任并放松下来。

接下来，航航仍然对于拍球有抗拒情绪。因此，我在区域活动中特别留意他，并发现航航特别喜欢画画，每次绘画时都有自己的想法和独特创意。

今天航航画了一只小动物，他非常开心地向我介绍它。我夸奖道："航航，你的画太棒了，颜色也很漂亮呢！"航航特别高兴，并激动地说："老师，我还会画很多东西呢！"我们应该帮助孩子发现自己的闪光点，而非让他们自卑于自己的不足处。因此，我们需认可并鼓励孩子的优点，让他们具备自信、自尊、自强的品质。

借着航航画画的优点，我轻声地与航航说道："航航，老师一直认为你是个特别厉害的小男生。"航航开心地说道："我妈妈也这么说，说我是男子汉。"我摸了摸航航的头："那这位勇敢的男子汉，下次我们和小朋友一起尝试拍球好吗？我会一直陪着你。"航航似乎有些犹豫，小声说："老师，我不会拍球。"我安慰他："你是勇敢的男子汉，老师相信你，而且我会一直支持你的。"航航点了点头，又想了一下，说："那如果我还是不行呢？"这时候，同桌小朋友大声地说道："我来教你！"航航的眼睛顿时亮了，他开心地笑了起来，情绪似乎明显好转了。我竖起大拇指给了他一个鼓励，点点头说："这个办法不错，我们一起加油吧！"

在下一次活动中，航航真的和同桌一起拍球了。虽然一开始还不知道怎么用小手去拍球，但航航很有耐心地去捡球并尝试拍球。慢慢地，航航开始能够自己拍球了。虽然球拍得非常矮，姿势还不太正确，但我非常欣赏航航勇于尝试的精神。我竖起大拇指，肯定了他的进步："航航，你真是太厉害了！"航航也非常开心。

自我反思

　　当孩子面对自己的不足时，通常都会产生自卑、害怕、缺乏自信等负面情绪。如果没有及时关注和正确引导孩子，他们可能会封闭自己、逃避现实。其实，孩子对于未接触过的事情产生抵触是很正常的，这时候大人的关注、关心和陪伴显得尤为重要。我们需要从孩子的角度出发，理解他们内心的感受，接纳孩子不完美的一面，并用鼓励、表扬和建立信心的方式来引导他们，让孩子敢于接受新事物，不再畏惧困难。

作 者 信 息

姓　　名：谢琦　　　　　　　　单　　位：广州市天河区雅贝幼儿园

打败剪纸花怪物

行为关键词：退缩行为

运用正面教育理念：花时间训练，小步前进。

运用正面教育工具：细小步骤。

行为描述

在生活中，我们经常看到孩子们出现各种畏惧困难的情绪，而克服这些情绪需要勇气和力量。在活动中遇到困难，有些孩子会干坐着，不动笔，不动手，不愿思考，或是和旁边的小伙伴打闹，试图将困难和任务蒙混过去。久而久之，这种消极的状态会形成"习得性无助"，使他们在面对困难时变得紧张，心跳加快，严重地影响身心发展。作为教师，我们应该要正确引导，帮助孩子克服困难，找到有用的解决办法，使他们不再畏惧困难。

情景案例

在一次美术活动中，我带着孩子们剪纸花。在讲解完剪纸花和染色的步骤后，我示意孩子们自己去尝试。孩子们都很兴奋，纷纷拿起纸进行折叠。

　　我巡视了一圈后，进入小组中观察孩子们的创作情况。但是，我发现小娅还呆呆地坐在那里，手上拿着纸没有动过。我上前鼓励她："小娅，动起手来吧！"小娅抬起头，看了我一眼，便拿起纸随意地折了一个角。我以为她动起来了，于是离开了小娅，到其他小组进行辅导。

　　过了一会儿，我又来到他们组，但是发现小娅的桌面还是空空如也，而其他孩子都已经完成了染色的步骤。我站在她旁边，弯下腰问她怎么了，是不是哪里不舒服。小娅神色有些不好，瘪着嘴小声说她不会折。

　　我轻轻地笑了笑，告诉她该如何折纸，但是小娅仍然摇摇头，不愿意动手。她认为这太难了，她做不到，想要放弃。看到她一遇挫折就放弃，我感到有些着急，但我想到了正面教育的一个工具：将任务细化，让孩子体验成功的快乐。

　　首先，我给小娅示范了正确的折花步骤，并画出了图形，然后再用剪刀剪出来。我仔细地演示了每一个步骤，小娅逐渐能够沉下心来认真观察我的操作，这让我很开心。

　　在尝试几次折纸失败后，小娅又开始有点退缩了。于是我想到了一个办法：从简单的折纸开始，一步一步来，不要求她一下子剪出漂亮的花朵，而是让她从简单的练习开始。

　　我在小娅身边，再次给她示范了抓握剪刀的姿势，并配合孩子们最熟悉的儿歌："小剪刀，向前伸，两个山洞竖起来，上面山洞爸爸钻，下面山洞妈妈姐姐钻进去，小剪刀和宝宝乐开花。"儿歌一念，小娅做起了手指钻山洞的游戏，并能正确地抓握剪刀。接着，我在纸条上画了一段弧线，让小娅沿着弧线剪下来。

　　随后，我把小任务的难度慢慢提升，和小娅说："现在让我们一起闯过更难的关卡！"说着，我便把原本短短的弧线渐渐延长，最终形成了一个圆形。小娅看着我的画笔，笑了笑，仿佛在跟我说："小意思！看我

的！"果不其然，小娅顺利地把大圆形也剪了下来。

在和小娅的一来一回之间，我慢慢地提高图形的复杂性，从一开始的弧线，渐渐变成了圆形，又在圆形上加上了花纹，随后又将花纹的难度提高，加入了较为丰富的花朵。在这个过程中，小娅随着难度的提升，一次又一次地完成了剪纸的任务。最终，小娅成功剪出了最简单的花型，我看见她脸上多出了一丝笑容，她也终于找回了自信。当我看到孩子遇到困难退缩时，不是简单地在一旁鼓励助威，而是看到孩子感到困难的核心点是什么，以此更好地帮助他们找到最有用的方法来克服困难。

接下来，我发现，当我把剪纸花拆分成细小简单的步骤和任务时，小娅能够一步步地完成这些任务，剪出简单的花朵纹样。当孩子们能完成细小的步骤和任务时，他们便会放弃"我不行"的想法。

在美术活动结束后，小娅开心地跑过来告诉我："我剪的花，可以做成书签留作纪念呢！原来我可以做得到！"看着小娅从最开始的畏惧困难，到现在能够克服困难，找到方法技巧，认真地挑战困难，我十分欣慰。

自我反思

在孩子遇到困难时，会感到害怕和退缩，教师需要进行正面的心理指导。在案例中，虽然剪纸花是一件平平无奇的事情，但是作为教师，我们需要多观察孩子的作品完成情况。当面对害怕困难的孩子，例如这次美术活动中的小娅，我们可以帮助她寻找适合的技巧，为她搭建好一个可以一步一步向成功迈进的平台。从让她做到最简单的剪纸开始，逐步增强她的信心，培养抗挫折能力。当看到孩子遇到困难退缩时，我们不能仅仅在一旁鼓励，而是应该自觉运用正面教育的工具——将任务细化，让孩子在体验成功的快乐中克服困难，通过帮助孩子寻找坚强的力量和智慧的方法，使他们变得越来越强大。

作 者 信 息

姓　　名：陈楚帆　　　　　　单　　位：广州市天河区清荷幼儿园

第十章

拖拉磨蹭

和"小磨蹭"说再见

行为关键词： 做事磨蹭

运用正面教育理念： 孩子的首要目的是追求价值感与归属感。

运用正面教育工具： 专注于问题的解决方案。

行为描述

孩子磨蹭是让许多家长头疼的问题，例如起床时喊了20分钟还不起来；眼看就要迟到了，出门动作还是慢吞吞。这同时也是让老师头疼的问题：大部分孩子已经在排队准备进行下一项活动，个别磨蹭拖拉的孩子还在发呆。

一个磨蹭的小孩，有可能与其先天的性格特点有关。有的孩子本身的生长节奏比较慢，天生"慢半拍"；有的孩子是因为年龄小，对时间的认识不足。但是，有些孩子的拖拉磨蹭却和教育方式有关。引导孩子养成做事情利落高效并有主见的品质，教师责无旁贷。

最近，熙熙爸爸埋怨道："老师，我每天一醒来就叫孩子起床，等我挤好牙膏准备好今天穿的衣服时，发现孩子还在餐桌上对着水杯发呆，好不容易等他喝完水，结果慢得呀，把我急得心里发慌！每次都要在旁边催他：'快点换衣服，不然来不及了，要迟到了，爸爸妈妈都等你好久了。'每天早上都好像在打仗一样，急匆匆地去应对各种情况，我真是很头疼！"听完熙熙爸爸的描述，我认为有必要和熙熙以及家长一起开个会解决问题。

熙熙爸爸、熙熙和我一起进行面谈，熙熙听到爸爸开始列举他的拖拉磨蹭行为，开始有点生气并要求爸爸不要再说。家长因为生气而批评是解决不了问题的，此刻我想起了正面教育的基本理念之一："孩子的首要目的是追求价值感与归属感。"所以我决定使用正面教育的一个工具：解决问题，利用日常挑战和孩子一起练习解决问题。

要处理问题，就要先了解行为发生的原因，并要表达对孩子的理解。我说："熙熙，我理解你的不开心，那你愿意和我分享一下为什么在做事情的时候会比较慢吗？"

熙熙说："我不知道，反正每次听到爸爸妈妈或者是老师让我快一点就会觉得不喜欢。"我说："我们现在想想，应该如何解决爸爸提出的这些问题呢？"

熙熙说："我平时已经很快了，但是爸爸妈妈老是觉得我很拖拉磨蹭。"我说："我也认为你年龄还比较小，对时间这个概念不太理解，不理解爸爸妈妈的时间快慢和你的时间快慢为什么不一样。"熙熙低下了头，双手又开始拽着衣角，说："我是有点赖床，因为爸爸妈妈会帮我做

好事情，所以我就想一个人再睡一会儿。"听完，我找到了原因，接下来就是和孩子头脑风暴，寻找解决问题的方法，而不是让孩子独自随着指令去完成。我说："我相信你，因为你长得比爸爸妈妈小，所以你吃得会比大人慢，漱口洗脸也会有点慢。其实你不是故意磨蹭的，你只是长得比较小，力气没有大人大而已。的确是爸爸妈妈没有站到你的角度去了解你的想法，那以后怎样才能做到在限定的时间内去完成事情呢？"

熙熙想了一下，说："可以像在幼儿园里一样有一个沙漏，这样我就能知道时间在走动。"接着，我通过启发性的提问，让他继续想办法："嗯，这个办法不错，那我们还可以怎么做来让这种状况变得更好呢？"

熙熙说："能不能像幼儿园一样把需要做的事情变成图片，放到桌子上？这样我就能看得到。"听到熙熙和我的对话，熙熙爸爸也在反省自己的做法。随后我给了爸爸一些建议：

一、尊重孩子的节奏，不要以成人的标准去要求孩子。多给他一些鼓励和肯定，做得好的时候适当给一些精神上的奖励。

二、孩子不一定性子慢，而是有时追求完美，因为害怕而不去做，所以孩子没自信，对自己的行为产生怀疑。不停催促只会让他产生更多焦虑不安的情绪，我们要相信孩子，并让孩子相信自己也能做到。

三、将"快一些"换成"我希望"，如："我希望我们能在十分钟后出门，我们去幼儿园需要十分钟，所以现在差不多要去拿车。"

四、给孩子提供选择，如："你可以选择先刷牙或者先穿衣服。"

五、跟孩子一起制定时间表，如：约定什么时间干什么事情。让孩子清晰地了解自己需要做的事情，增加孩子对时间的掌控感。

最终爸爸和孩子拥抱和好，约定一起使用新的办法解决磨蹭的问题，并且做到及时沟通和表达。

改掉磨蹭的习惯，不仅需要教师引导，还需要家长配合。本案例是家长"投诉"引起的教育案例，作为教师也会遇到孩子拖拉磨蹭的现实情况，教师有效运用正面教育的工具——专注于问题的解决方案，逐渐引导孩子树立时间观念，懂得时间的流逝和宝贵，做起事情来就会更有使命感。让孩子建立起良好的时间观念，懂得合理地安排时间，才是正确解决孩子磨蹭的方法。教师要"因人制宜"，根据孩子的不同情况选择最适合孩子的方法，否则容易起到"反作用"。

作 者 信 息

姓　　名：梁译尹　　　　　　单　　位：广州市天河区华港幼儿园

告别"磨"王

行为关键词： 做事磨蹭

运用正面教育理念： 孩子感觉好的时候，表现才会好。

运用正面教育工具： 幽默感。

行为描述

3—6岁的幼儿正处于行为发育敏感期，可塑性很强，也是习惯养成的关键时期，因此，培养幼儿良好的行为习惯尤为重要。拖拉磨蹭是幼儿常见的不良行为，而幼儿拖拉磨蹭的原因主要有：家长包办过多，孩子缺乏锻炼；对要做的事情不感兴趣、缺乏信心；过度寻求关注，故意磨蹭等。我国著名教育家叶圣陶先生认为：教育就是培养习惯。培养幼儿的良好习惯，才能为幼儿的终生发展奠定基础。

情景案例

图图是中班的插班幼儿，做事比较拖拉。其他孩子已经排好队准备到户外活动，他还在慢悠悠地吃着水果。只见他拿起水果吃一口，又把水果放下来，再慢慢吃一口……好不容易吃完了水果，他慢慢站起来，慢慢放好椅子，拿着碟子慢慢走过来，这个时候其他孩子已经到了户外。我提醒他说："大家都已经出去了，你不想到户外玩吗？"他慢悠悠说："外面那么热，我不想去。"

户外活动完回教室，图图又是最后一个进来。孩子们知道今天吃自助餐，回来赶紧换衣服，大家都迫不及待，洗干净小手，等待开餐。再看图图，只见他一边晃悠，一边叫道："我的书包呢？老师你帮我找找。"雯雯听到他叫喊，帮他拿了书包。图图拿起书包坐在床边，不紧不慢地换衣服。他一个人在一旁换衣服的景象和其他孩子准备开餐的情景形成了鲜明的对比，仿佛他的小场景开了慢动作。

图图是这个学期刚来的插班生，平时是奶奶照看他的生活起居，父母上班比较忙，没有时间照顾图图。经过观察和了解，我们认为图图拖拉磨蹭的原因可能是家长包办过多，图图缺乏锻炼；父母较忙，图图会通过磨蹭来引起父母对自己的关注，由此获得一种成功感和满足感。基于此，我和家长进行了一次深度的谈话，了解到图图喜欢幽默的动画片和搞笑的短剧，这让我想起正面教育的一个工具——幽默感，于是我尝试用以下方法帮助图图改掉拖拉磨蹭的行为。

首先，我利用"挠痒痒怪"和图图在轻松愉快中产生情感连接。幼儿园的孩子喜欢通过角色扮演游戏找到乐趣，当图图不想玩游戏时，我就扮演挠痒痒怪，我们之间互相挠痒痒。通过几次的尝试，我发现我和图图产生了情感连接。接着，我和图图做了一个约定，当图图做事拖拉的时候，我就会扮成挠痒痒怪。反之，当我拖拉磨蹭的时候，图图也变成挠痒痒怪，让他在欢笑和享受乐趣的过程中无形解决拖拉磨蹭的问题。

其次，利用夸张幽默的动作，让图图改掉拖拉磨蹭的习惯。比如孩子们要去喝水了，但老师怎么都叫不动图图。我就装作一只大象，说："我是一只大象，从这里到水杯架要数几个数呢？我会不会是第一个到达的呢？"接着我模仿大象的步伐往水杯架的方向走，数着"1、2……"同

时，我还模仿大象沉重的脚步，半天都放不下去，放下去时也是笨重地砸地。这时候，他就会被吸引过来："我是第一个，我很快的！"他边说边快速走到水杯架拿起水杯喝水。在有趣的情境下，图图做事情的速度逐渐加快了，有了较大的进步。

最后，做好家园共育。教育就是培养好习惯，培养始于父母，养成于家庭。我引导家长也加入正面教育阵营，建议家长开个家庭会议，联动家人共同培养图图的良好习惯：让奶奶认识到自己的包办对图图的成长带来的不良影响；爸爸妈妈平时多陪伴图图，及时肯定图图的良好行为；帮助图图学会自己的事情自己做……家庭成员要不断培养孩子的责任感和做事的积极性，鼓励孩子做自己的主人。同时，我也向家长介绍正面教育工具的运用及其目前对图图的作用和影响，并给家长推荐了正面教育的书籍和正面教育的其他工具，希望能通过家园合作帮助图图告别"磨"王。

其实教育幼儿并不一定非要严肃认真，幽默感也可以是我们跟孩子重新建立情感连接、解决问题的办法。

自我反思

拖拉磨蹭是一些孩子的天性，大部分家长和教师都会遇到孩子的拖拉问题，本案例通过找出孩子行为背后的原因，根据孩子的年龄特点和兴趣寻找解决问题的方法。从孩子的兴趣——喜欢幽默这一点入手，利用夸张的动作模仿，把幼儿代入有趣的角色中，帮助孩子逐渐改掉拖拉磨蹭的坏习惯。

通过一段时间的实践，图图的拖拉磨蹭得到了改善。图图也通过在小广播站讲一些简短的笑话，增强了自信心，获得了归属感和价值感，不再特意通过拖拉引起大家的关注。家长也反馈通

过运用正面教育工具，取得了较好的效果。特别是幽默感这一工具，让家庭教育的氛围变得轻松愉快。家园共育，携手同行，让图图真正告别"磨"王。

作 者 信 息

姓　　名：廖海英　　　　　单　　位：广州市天河区天润幼儿园

慢王子

行为关键词： 做事磨蹭

运用正面教育理念： 花时间训练，小步前进。

运用正面教育工具： 日常惯例表。

行为描述

大班孩子即将进入小学生活，幼儿园的一日活动从以自主游戏、体育游戏为主转变成类似于小学的以集体学习为主，孩子们的时间管理能力变得尤为重要，如不迟到不早退、自主安排课间的休息、如厕时间等。在幼儿园阶段，孩子需要建立时间观念，合理地规划自己的生活和学习，为上小学奠定基础。

情景案例

每天早上，课室里都充满着各种声音："小华，快把书包放下，进来吃早餐。""老师，小华站在书包柜前面，挡到我放书包了。""小华，你需要帮忙吗？"……有提醒的声音，有投诉的声音，也有友爱的声音，而这些声音指向同一个人，那就是我们班的小华。小华似乎听不见身边的声音，还是一如既往地慢悠悠地做着自己的事情。

"小华，你每天自己上楼回课室，自己放书包，挂毛巾，还帮忙擦桌子，你的小手真能干。"

"刘老师，我不太开心。"

"哦？"

"小朋友们好像不喜欢我，每天都让我快点做事，不断地投诉我，我没有朋友了。刘老师，你能用魔法帮帮我吗？"小华说完，把头靠在我的肩膀上。听完小华的话，我想正面教育中的"日常惯例表"或许对他有用。

"刘老师有个魔法叫日常惯例表，它可以帮到你，你要不要试试？"我抱着小华。小华听完，马上抬起头看着我。

"我们把每天要做的事情画在一张纸上，给这些事情排好队，然后给每件事定个时间，放在你的分享袋里，你可以随时查看，我们每天按照惯例表来做事。"

"听起来很有趣，可是我怕自己会忘记。"

"没关系，如果你忘记了，我就用'你的日常惯例表下一项是什么'来提醒你。"小华听完点点头，咧开小嘴，笑着说："那我们现在就开始做惯例表吧，我去铺垫子。"我们一起头脑风暴在幼儿园一天需要做的事情，我问小华："我们在幼儿园里一天需要做些什么事情呢？"小华一一列举了一天要做的事情，并把自己一天要做的事情画了下来，标记好每件事情需要多长时间，排好顺序，放进自己的分享袋里，可以随时查阅。

午睡起床后，我看到小华睡眼惺忪地坐在椅子上，双眼盯着旁边的同伴，小手放在大腿上。好朋友小平邀请道："我们来比赛穿鞋子吧！"小华像没有听到一样，静静地坐着。"我穿好了，我要进去帮忙搬桌子了。"小平愉快地搬起椅子回到课室。小华还是静静地坐着。

是时候让日常惯例表做主了。"小华，你的日常惯例表的下一项是什

吗？"我笑着拉起他的小手。

小华听到惯例表，像打了鸡血一样，迅速地从分享袋里拿出来看。"现在要穿鞋袜，然后洗脸吃午点。"小华愉悦地说道。说完，他快速地拿起自己的袜子，穿了起来。

"哇，小华，谢谢你遵守了我们的约定，听到'你的日常惯例表下一项是什么'，马上去查阅惯例表，并行动起来。我们一起来个大拥抱吧。"

"我相信你能有计划地完成你的惯例表项目，我在课室等你吃午点。"话音刚落，我看到小华快速地把鞋袜穿好了，脸蛋也洗得干干净净，精神十足。"小华，我看到你今天只用了五分钟就坐下来吃午点，速度好快啊！"听了我的鼓励，小华乐滋滋地吃着午点。

孩子只有在感觉好时，才会表现好。小华听到我的鼓励后，做事的积极性也提高了。

帮助孩子制定日常惯例表，可以鼓励孩子养成自律的好习惯。孔子曾说："少成若天性，习惯如自然。"小时候养成了良好的行为习惯，其行为就会具有自觉性，并内化成一种根深蒂固的高尚品质，这种优秀的品质会贯穿人的一生。

时间是一个非常抽象的概念，孩子很难理解。小华出现拖拉磨蹭的行为，是因为缺乏时间观念，再加上平时在家时老人的包办代替，让小华对自己什么时候该做什么没有自主而清晰的认知。而在幼儿园待遇的不同，让小华心理落差很大，因此他会觉得不开心，并寻求老师帮助。从认识时间，建立时间观念，再到学会时间管理，是一个很漫长的过程。因此我在小华寻求帮助时，建议他使用日常惯例表，既可以帮助他深入地认识时间，也能得到具体的训练。

制定日常惯例表，一定要从孩子的需求出发，充分尊重孩子，邀请孩子参与制作惯例表。制作日常惯例表时，我引导小华用绘画的形式记录自己每天要做的事情，加深记忆的同时也让小华更有仪式感，让小华从小就参与自己的时间规划。

孩子的习惯不能只依靠教师单方面完成，因此，我借助家长的力量，引导家长在家同步使用日常惯例表。一张日常惯例表，如果执行时间长了，就会强化孩子的时间观念，养成良好的习惯。

作 者 信 息

姓　　名：刘秀婷、邹慧霞　　　　单　　位：广州市天河区华港幼儿园

第十一章

不爱运动

"动"起来

行为关键词： 不会运动

运用正面教育理念： 和善而坚定；花时间训练，小步前进。

运用正面教育工具： 花时间训练。

行为描述

运动可以增强幼儿体质，提高学习效率，增强自信心，提升幼儿在群体生活中的人气，拉近同伴之间的关系。在幼儿园教育阶段，增强幼儿的运动意识非常重要。《3—6岁儿童学习与发展指南》指出："5—6岁幼儿要能主动参加体育活动。"作为教师，我们应该激发幼儿参加体育活动的兴趣，养成锻炼的习惯。在班级里，个别幼儿因为不会某项运动，被同伴嘲笑，因此不爱参加运动，教师必须重视这一现象，帮助幼儿解决困扰，并引导班级幼儿积极参加运动。

情景案例

佳佳是个活跃的女孩子，游戏时佳佳总能玩得非常开心，但每次体育活动，她就躲在角落里低着头不愿意动。小朋友们很热情地喊佳佳：
"佳佳，快来一起啊，很好玩的。"但佳佳还是无动于衷，在旁边自己玩
或看着别人玩。有一次跳绳，孩子们纷纷拿起绳子练习起来，跳得好的芃
芃旁边围着几个小朋友，时不时发出"好厉害"的欢呼声，让正在跳绳的
芃芃更加自豪了。这时，围观的小朋友说："我也要跳得像芃芃这样厉
害。"说完他们都拿着绳子练习去了，佳佳还是一个人拿着绳子低着头躲
在角落。

看到这种情况，我在思索：如果我强制叫佳佳过来跳绳，她愿意吗？
按照之前的情况，可能还会触发她的抵触心理，使她越来越抗拒跳绳、抗
拒运动，这样的话我还有其他方法帮助佳佳吗？答案显然并不乐观。通常
情况下，强制确实管用，但是，其长期效果往往并不好。强制引导的方法
下，孩子可能会采用以下四种方式中的一种或几种来"回敬"我们：

1. 厌学	我以后不来上幼儿园了。
2. 自卑	a. 我不会做的。　b. 我下次偷偷躲起来不让老师看到。
3. 反叛	老师叫我做，我就不做。
4. 压力	我太笨了，学不会的。

这时，我想到了"和善而坚定"的正面教育理念。真正的管教应该以
相互尊重与合作为基础。

于是，我走到佳佳身旁，首先表达我对她的感受的理解："佳佳，我
知道你不喜欢运动，你想一个人在旁边玩一会儿也是可以的，老师陪你聊
聊天好吗？"佳佳点点头笑了一下。

接下来要赢得孩子的合作，找到佳佳不爱运动的原因，帮助她面对困
难。我蹲着跟她说："你不去跳绳一定有你自己的原因对不对？你可以告
诉我吗？"佳佳低着头小声嘟囔着："我不会跳绳，跳绳太难了，而且他
们都笑我，每次我不会的时候别人就笑我。比赛的时候还有人说不想和我

一队，不然他们就不能得第一了。"我笑着说："其实你也很厉害的，每次在表演区你自信地大声唱歌和跳舞的时候真的很棒呢。你看老师没教过的歌你都会唱，跳绳肯定也没有问题的。不会的运动我们可以一样一样地学嘛，我跟你一起学习跳绳好吗？"

知道原因之后我松了一口气，原来不爱运动是因为会被别人嘲笑，找到原因之后就能更有效解决问题了，我想到了正面教育中的"花时间训练"这一工具。跳绳不是一项一时半会儿就能学会的运动，需要我们耐心地教学，花时间训练。在花时间训练的过程中，重点不是训练，而是花时间。我们可以一边做，一边和善地给孩子讲解，让孩子主动去做。

首先，要让孩子看着我做，并友好详细地给她讲解。我把学习跳绳细化成多步。我先带着佳佳进行无绳跳跃练习，我边讲边做，并且一直鼓励佳佳跟着我一起练习跳跃："佳佳，跟着我一起来跳，手可以先放在背后，我们就这样直上直下跳跃，脚尖轻轻落地哦。"说完，佳佳便跟我一起跳了起来，并且很快就学会了。下一步就是练习单手摇绳和双手摇绳，我边做边说："我们可以像这样摇绳，把手柄像我这样甩成一个大圈圈。"佳佳在一旁开心地跟着我练习这两个动作技能。很快，佳佳跳跃和摇绳的动作都能做得很好了，我们继续结合绳子练习跳绳……经过一段时间的练习，我看佳佳已经掌握了基本的动作技巧，便让她自己进行练习，而我继续在旁边陪伴她。佳佳跳得越来越投入，我拿出相机，把此刻佳佳开心练习的画面记录下来，并且及时在全班孩子面前鼓励佳佳。活动结束后，佳佳蹦蹦跳跳地回到了活动室。

第二天佳佳早早回园参加晨练，她走到我面前，跟我打完招呼就自己拿绳子开始练习跳绳。虽然不是那么熟练，但她跳得很开心。从那以后，佳佳不仅积极参加跳绳活动，而且平常体育活动时对其他运动技能学习的参与度提高了，总能在集体中看见佳佳"动起来"的身影。

自我反思

　　通过此案例，我深刻体会到：面对不爱运动的孩子，我们不能忽视她，更不能强制让她去做，而需要深入其中了解原因，帮助她解决困扰，让她自己爱上运动。案例中的情况在班级中是很常见的，但是我并没有忽视她或不顾她的感受强制让她去做，而是自觉运用正面教育的工具——花时间训练，理解孩子的担忧，认同孩子的感受，尊重孩子，给予孩子最大的鼓励，一边做，一边和善地给孩子讲解，当感觉孩子准备好了，让她自己做，帮助她克服困难学会跳绳，爱上运动。

作 者 信 息

姓　　名：吴华娟　　　　单　　位：广州市天河区昌乐幼儿园

我是运动小健将

行为关键词：不愿运动

运用正面教育理念：关注问题的解决，而非让孩子付出代价。

运用正面教育工具：认同感受。

行为描述

户外活动是幼儿园教育教学活动的重要组成部分，对孩子的身心发展有着重要的意义。运动不仅能锻炼孩子的身体，增强孩子的体质，还能培养孩子不怕困难、敢于解决问题的品质。霖霖一开始是个不爱运动的孩子，但她乐于助人，经常帮助同伴，在这个互相帮助和被鼓励的过程中，她也渐渐开始热爱运动，慢慢地变成了一名运动小健将。

情景案例

霖霖是一名新转学进来的孩子，非常乖巧且听话，总能在同伴需要帮助时伸出援手，经常默默地做着许多善良的事。乐于帮助同伴的她，却对运动不是那么的热爱。

在户外活动"攻打城堡"的投掷游戏中，其他孩子都在愉快地穿越各种障碍去攻克城堡，只有霖霖拿着沙包站在障碍物旁看着同伴游戏，时不时还坐到一旁的椅子上休息。由于霖霖是转学生，与班上的孩子还不太熟，我担心她是怕生，不敢加入游戏，所以我想帮助她加入游戏中。正面教育中提到，解决问题要先确定问题所在，让孩子知道老师对他的关注。我找到霖霖问："霖霖，是有什么事情让你不开心了吗？我刚才发现你没有去攻打城堡，是不喜欢这个游戏吗？你有喜欢的好朋友吗？我让玥玥来陪你怎么样？"在询问了各种原因都没有得到结果后，我便没有再继续询问，并马上找了比较活跃的玥玥，让她带着霖霖玩，希望在玥玥的带领下霖霖能变得活跃起来。

一周下来，我发现在户外游戏中，霖霖的积极性都不高。如果是活动强度不大的走平衡木、玩沙等游戏，她还比较乐于参与；如果是活动强度大的运动，她就会在一旁看着。在与家长的沟通中得知，霖霖在以前的幼儿园里是比较活泼爱运动的孩子，由于转学的次数比较多，导致霖霖越来越不自信了，慢慢就变得不那么活泼，对运动的喜爱也减少了。在了解了霖霖的情况后，我决定采用正面教育工具中的"认同感受"，来帮助霖霖。

在"虎口拔牙"游戏中，霖霖还是很羞涩，独自站在一旁看着同伴游戏。认可感受，首先要允许孩子有她自己的感受。我走过去，并没有催促她去运动，而是对她说："霖霖，我和你在旁边的椅子上坐着看他们游戏好吗？"在和霖霖观看的途中，我时不时和霖霖讨论其他孩子在游戏中的表现，让霖霖慢慢地缓解内心的情绪。突然，有一个男孩子在躲避"老虎"的过程中，没有注意躲避被绊倒了。我问："霖霖，你刚才有看到他为什么会摔倒吗？"霖霖说："他没有看到旁边有一个小朋友，就撞上去了。"我说："那你觉得怎么样才不会被撞倒呢？"霖霖说出了她的想法，我抓住机会鼓励霖霖加入游戏中，我说："那你可以去给刚才的小朋友示范一下吗？我相信他看了后会明白的。"在我的鼓励下，霖霖去做了

示范，之后我在班级里表扬了霖霖的示范行为。

在我们的陪伴与鼓励下，霖霖放开了很多，和班上的孩子关系越来越好了，对有难度的体育游戏的参与度也提升了不少。在足球游戏"足球宝宝争夺战"中，守护球宝宝的霖霖由于没有保护好小分队的球，被其他队的孩子抢走了很多球。同伴们输了比赛，将错误归结到霖霖身上，认为是她没有保护好球才输了比赛的。听到孩子们的指责，我担心霖霖会因此自责而回到害怕运动的状态，准备出面帮忙解决。正当我迈开脚步准备朝她走去时，我发现霖霖正在紧张地看着我。我停下了脚步，用手做了一个思考的动作，然后站在一旁用眼神鼓励霖霖。霖霖思考片刻后，回复了刚才指责她的同伴："我已经很努力了，下次我会更努力保护好球宝宝的，你能不生气吗？"同伴听到后也觉得自己不对，便向霖霖道歉了。事情在霖霖的冷静和思考中化解了，我给了霖霖一个大拇指。这次的事件，让霖霖彻底放开了自己，她每天都一脸期待地问我："什么时候可以下去运动啊？今天玩什么游戏呢？"我也将霖霖的表现告诉了家长，希望家长也在家多鼓励霖霖进行各种运动，妈妈非常感谢老师对霖霖的付出。

自我反思

对于霖霖这种由于环境变换导致内向、不爱运动的孩子，我觉得应该给他们多些关注、多些耐心、多些引导，在解决问题的时候，允许孩子有自己的感受，不强制孩子参加她不愿意参加的活动。像霖霖这种情况，我采取的是先认同她这种不想运动的感受，然后慢慢地和她拉近距离，不谈她不喜欢运动这件事，只谈她愿意交谈的事情。在建立一定情感连接后，鼓励孩子去尝试，享受运动带来的乐趣，由此发展出自主解决问题的能力。

作 者 信 息

姓　　名：卢梅　　　　　　　单　　位：广州市天河区金穗幼儿园

有问题，我们一起解决

行为关键词：不做早操

运用正面教育理念：花时间训练，小步前进。

运用正面教育工具：赋予孩子自主权。

行为描述

新学期开始了，我们将学习新的早操——"舞狮操"，因操节动作有些复杂，所以孩子们在学习和练习操节时的积极性不高，其中琨琨是最抗拒学习新操的孩子。三个月后就是早操比赛了，其中班级整体的精神面貌对于赢得早操比赛来说非常关键。5—6岁的孩子已经有了一定的自主性，所以需要寻找一个能激发孩子们内在动力的方法，让他们主动学习新的早操。

情景案例

在一次学习新操的活动中，琨琨皱着眉头，气鼓鼓地站着一动不动。我走过去了解情况，问道："琨琨，你怎么啦？"琨琨生气地说道："为什么每天都要学习做操，真的很累很烦，我一点都不喜欢做操。"说完直接一屁股坐在了地上。当时琨琨已经很有情绪了，我想到正面教育中的"纠正前先连接"。想要解决问题就要先与孩子建立连接，当前首先要解决的是孩子的情绪问题，承认孩子的感受。我一边点头一边说道："是的，你看起来的确很累，做操这件事情对你来说很没意思。"琨琨说："是啊，真的一点儿也不好玩。"我说："是的，做操就只是做操，不是游戏，所以不好玩。"琨琨的眼睛突然就亮了起来："那我们去玩游戏吧，不要做操了。"琨琨希望控制局面，按照他说的去玩游戏，我没有否定他的想法，而是向他陈述了事实："可是如果不练习，早操比赛我们班就没有好的表现了，你希望我们班是最差的班级吗？"琨琨摇了摇头，他是一个好强的孩子，当然希望我们班能拿到第一名。我说："这确实是一个很难的决定，或许我们可以回班上一起讨论出解决办法。"因为在琨琨这么一番"吐槽"后，班级里的其他孩子也纷纷露出了疲惫的表情，所以我决定结束练操活动，回到课室进行班会课，我们一起专注地思考解决这一"练操难"问题的办法。

孩子们休整结束后，我们的班会课开始了，首先我说了目前我们遇到的问题："早操比赛马上就要来了，但是每天这样集体练操很累，而且花费的时间很多，大家有什么解决办法吗？"孩子们纷纷发表自己的看法。琨琨说："我们每天练一次就好，其他时间都不要练了，去玩游戏。"凯曼这时候马上反驳说："练一次不够，我觉得只练一次动作都记不住。"晴晴说："可是我们每天都练呀，一定可以记住的吧？"业晋说："练多少次都可以的，我最喜欢做操了。"我总结了一下孩子的想法，并提出了问题："有没有什么办法既能保证我们玩游戏的时间，又可以每天都有固定的练操时间呢？"琨琨说："但是一天的时间就是固定的呀，每个人的时间都是一样的。"凯曼说："我们可以回家看着老师的视频自己练习，回来后大家一起练一遍就可以了。"我点点头说："这听起来是个好办法。"瑶瑶说："那我们可以每天在家练习，不会的动作多练习几遍，回

到幼儿园练习一遍就可以了。"孩子们听后纷纷点头。我将孩子们的对话都记录了下来，最后我总结："孩子们每天回家自己练习，减少在幼儿园的练习时间，多一些集体游戏的时间。全班举手表决通过，琨琨也举手同意这个方案了。虽然孩子们都举手同意表示愿意在家多练习，但最终孩子是否会主动自己在家练习，又有多少孩子会去主动完成练习，这些都是未知的。但我决定信任孩子，不再另外设立监督机制，也没另外要求家长帮忙督促。因为家长和孩子一样，如果不是自主自发地协助孩子，而是需要老师要求或者提醒才监督孩子，这都不是长久之计。"

从那天起，陆陆续续有孩子分享自己在家练习操节的事情，还有孩子自发让家长拍摄在家练习操节的视频并发送给我。我会在每天放学前在班上分享这些孩子在家自觉练习操节的视频，肯定孩子自主练习的行为，从而带动更多的孩子。最后有过半的孩子都会自觉在家练习，因为视频有点多，我干脆设立了一个"打卡圈"，让家长们在上面发表孩子们在家练习操节的视频。每天放学前，我都会和孩子们一起一个个观看，并肯定孩子们的练习行为，激发他们的热情。渐渐地，孩子们做操的劲头越来越足了，整体的精神面貌也提升了不少。

但是琨琨的视频只出现过零星几次，每天练习操节对他来说还是略显困难。我主动找到家长沟通了解情况，原来琨琨在家也出现了和在幼儿园内同样的情况，觉得整套操节练习下来实在是太累了，不愿意坚持。于是我找到琨琨，我打开他之前在家练习的视频和他一起分析："琨琨，你做前面几个动作都特别认真，你是不是比较喜欢这几个动作？"琨琨说："是呀，这几个动作我不用看老师录的视频都记得了。"视频播放到后面，出现了琨琨跟不上并发脾气的画面，琨琨用手推开说："做操真没意思。"我说："你是不是觉得一整套操节动作太多记不住？"琨琨点点头，我说："你觉得以后每天只练习一个动作怎么样？"琨琨自信地说："那样我肯定可以记住的。"我说："我相信你一定会做到的。"于是，琨琨和我约定每天练习一个动作，直到学会了再练下一个动作。慢慢地，琨琨记住了所有的动作，每个动作都做得非常标准，在每一次的练操活动中也都非常认真。在比赛前几天，他还主动要求多练习几次，希望班级在早操比赛中获得好的成绩。

自我反思

　　5—6岁的孩子个性特点有了较明显的表现，其中最突出的是自我意识的发展，其次，此阶段的幼儿自理能力明显提高，好学好问，他们更喜欢自己寻找问题的答案。此案例中一开始的机械练习是不利于孩子的个性发展以及内驱力培养的。发现问题后，我运用正面管教的工具——赋予孩子自主权，认同孩子的感受，信任孩子的能力。通过开展班会活动的形式，我让孩子们自行决定班级的练操方式，激发孩子们练操的内在动力。随后及时跟进，肯定孩子们积极练操的情况。但举手表决解决问题的方案后没有考虑到个体差异，未能及时关注像琨琨这样的个体。在了解情况后，我认同了琨琨的进步，并给出"小步走"的建议，将任务拆分成许多小任务，琨琨也欣然接受了，最终获得了成功。

作 者 信 息

姓　　名：邱玉　　　单　　位：广州市天河区珠江新城猎德幼儿园

第十二章

挑食偏食

不挑食，吃光光

行为关键词：不吃鸡蛋

运用正面教育理念：纠正行为之前先建立连接（关系）。

运用正面教育工具：有限的选择。

行为描述

　　幼儿期是孩子们生长发育的重要阶段，均衡的营养是幼儿正常发育的重要保障。由于家庭的教育方式以及饮食习惯的差异，部分孩子会出现偏食挑食的情况，而家长为了迁就幼儿的喜好，便只制作单一的菜品。面对幼儿园提供的丰富多样的食材，有的孩子不敢尝试、不愿尝试，甚至为此而大发脾气。为了帮助幼儿养成良好的饮食习惯，教师运用正面教育的工具，尝试以和善而坚定的态度及尊重与平等的方式与幼儿进行沟通，鼓励幼儿勇敢尝试不喜欢或不熟悉的营养食物，引导幼儿慢慢改掉挑食的行为。

情景案例

　　乐乐是一名中班的女孩子，平时主要由爷爷奶奶照顾日常生活。在家访中我得知，乐乐在家中的饮食结构比较单一，平时食用的菜品并不多。由于乐乐喜欢吃四季豆，奶奶便经常煮四季豆，其他蔬菜则吃得很少。乐乐在幼儿园用餐时，对于喜欢的食物往往很快就吃完了，还会主动举手，要求再添一些，而面对不喜欢的食物时，她经常会大发脾气。

　　一天中午，孩子们的午餐中有黄瓜炒蛋。乐乐本来满心欢喜地洗完手，面带笑容地走到自己的位置上，结果一看到碗里的鸡蛋，脸上的笑容瞬间消失了。她拉开自己的小椅子坐下，拿起勺子搅了搅碟子里的菜，将黄瓜炒蛋和另外一样菜品分隔开。接着，她又闻了闻自己面前的饭菜，捏着自己的鼻子，发出恶心反胃的声音，只吃了几口白米饭。乐乐说："哎呀！怎么要给我吃鸡蛋？鸡蛋是世界上最难吃的东西。"说完，她又生气地用勺子敲碗，以此来发泄自己的情绪。

　　看到这一幕，我担心会造成食物浪费，更担心乐乐的挑食不利于她获得均衡的营养，希望自己能够帮助乐乐。如果现在我过去批评乐乐敲碗的行为影响大家吃饭，指责她挑食的行为，乐乐必定会和我对抗，我们也难以形成友好的关系，这并不利于之后我与乐乐的沟通。只有建立在互相尊重的基础上，正确表达爱，关爱才会被接受。于是，我想到了正面教育中的"纠正行为之前先建立连接"，选择先进入孩子的内心世界，理解孩子成长和发育的需要和局限。当乐乐因为看到不喜欢的食物而郁闷生气时，我应该要尽最大努力与她共情，理解她当下的想法。

　　我平静地走到乐乐的身边，轻轻搂着她的肩膀说："我看到你现在有些生气和难过，可以告诉我为什么吗？难道是因为今天的午餐中有你不喜

欢的食物？"

乐乐看着我，点了点头说："是的，我不喜欢吃鸡蛋。"

我又对她说："噢！原来你不太喜欢吃鸡蛋。这很正常，每个人都有自己喜欢吃的东西，也有不那么喜欢吃的，就像我不喜欢吃肥猪肉。不过这些都是厨房的叔叔阿姨为我们精心准备的食物，如果我们没吃完，这些食物会去哪里？"

乐乐想了想，说："我知道！那就要倒进厨余垃圾桶里，然后送去垃圾站或者其他地方。"

我说："你说得真对！这样食物就被浪费了，而且不吃鸡蛋，我们身体的营养不够，就不能像哥哥姐姐一样长高，不能抵抗病毒。现在你想勇敢地尝一口，还是吃完所有的鸡蛋呢？你来决定。"

在此过程中，我给乐乐提供有限制的选择，让她产生一种力量感，给她选择一种或另一种可能性的权利，也能激发她的思考。当孩子不愿意接受并提出我们不可接受的选择时，教师要保持和善与坚定，告诉孩子："这不是其中的选择。"然后再重复一次我们刚刚给出的两种选择。

很快，乐乐说："那我吃一口吧！"接着乐乐就舀了一小勺鸡蛋放进嘴巴，小心翼翼地咀嚼，最终吞到肚子里。

看到乐乐的表现，我立即鼓励乐乐："老师很高兴！因为你说到做到，尝试了不太喜欢的食物，你真的很勇敢。"

此时乐乐已经平复了自己的心情，继续吃着碗里的米饭和菜肴，最终鸡蛋被吃了一大半，其余菜肴也被吃得干干净净。

自我反思

著名心理学家鲁道夫·德雷克斯曾说："孩子们需要鼓励，

正如植物需要水。没有鼓励，他们就无法生存。"鼓励是一个很不错的帮助孩子改正挑食行为的方法。孩子喜欢得到别人的赞许，在吃饭时适当给予他们鼓励，可以营造良好的进食环境，促进孩子的食欲。鼓励还能帮助孩子培养对自己能力的自信心，吃鸡蛋虽然只是一个很普通的行为，但是对乐乐而言，是需要非常大的勇气的。教师看到孩子的努力和进步也需要及时鼓励。

作为教师，我们要时常换位思考，问一下自己：如果你是这个出现不良行为的孩子，你会有什么感受？你会做出什么行为？很多人出于对孩子的爱，希望孩子什么都吃。但其实这是一个非常高的标准，即便是成年人也很难做到完全不挑食，每个人对食物的喜爱有自己的标准。

不愉快的情绪不仅会降低食欲、影响消化，而且会让孩子产生对立情绪或恐惧心理，这往往会增加幼儿挑食的可能性。当孩子感觉好的时候，才会做得更好。在矫正幼儿的挑食行为时，为幼儿提供有限制的选择前，要从认同感受、表示理解开始，保持和善而坚定。

我们的目标是希望孩子能够养成健康良好的饮食习惯，而不是只满足于当下，仅仅认为强迫孩子将某一天他不喜欢的食物吃到肚子里就是帮助孩子养成了不挑食的习惯。作为教师，要用长远的眼光来思考，比起强迫幼儿吃光碗里所有的食物，倒不如改为专注于帮助孩子发展一个对食物持开放和健康的态度、对事物敢于尝试的态度。

罗森塔尔效应实验告诉我们：积极的语言和表情暗示可以改变孩子，而消极的语言和心理暗示会拉垮孩子的心理，让他们变得更消极。正确打开爱的前提是情绪稳定，正确表达爱的方式是正面鼓励。挑食的孩子只有感觉到老师与他的情感连接、感受到

别人对自己的鼓励时，才会更有动力合作，尝试不喜欢或不熟悉的食物。

作 者 信 息

姓　　名：赵珊　　　　单　　位：广州市幼儿师范学校附属幼儿园

营养均衡小卫士

行为关键词：挑食、偏食

运用正面教育理念：和善而坚定。

运用正面教育工具：有限的选择。

行为变成了习惯，习惯养成了性格，性格决定了命运，好的习惯对于一个人来说是非常重要的。在教育实践中，我们意识到对各种行为习惯的养成是十分重要的，其中良好的进餐习惯也是不可或缺的一个方面。现在家长们在孩子的饮食方面非常愿意花钱，但孩子的挑食偏食现象却是非常普遍的，有的家长更是束手无策，拿孩子一点办法都没有。幼儿期是孩子生长发育的关键期，摄取丰富的营养是保证身体健康发育的前提。家长和老师都需要重视孩子挑食偏食的问题，引导幼儿改正挑食偏食的行为，养成良好的饮食习惯。

　　果果是班上挑食、偏食比较突出的孩子，他特别不喜欢吃虾和鱿鱼，凡是和海鲜一起烹饪过的食物，他都不吃，不管老师是谆谆教导还是"威逼利诱"，他都是雷打不动地不吃。除此之外，他还不爱吃青菜以及其他颜色深、有味道或者在家里没有吃过的食物，这令老师很是头疼。长此以往，果果不但不能够吸收到丰富的营养，还影响到了其他小朋友，他们纷纷学果果说："我不喜欢吃这个。"

　　于是我找到果果，问他："你怎么不吃鱼丸啊？"果果说："鱼丸有刺，我不喜欢。"但是我注意到果果是很喜欢吃鱼肉的。于是我又问："那平时你在家有吃鱼丸或者鱼肉吗？"果果说："不煮鱼丸，阿姨都是挑好了刺再给我吃鱼肉的。"果果的回答也侧面反映了家长并没有纠正果果挑食、偏食的行为，反而是一味地迁就、溺爱孩子。

　　跟果果沟通后，我想到了正面教育工具：有限的选择。改变饮食习惯不是一朝一夕的事情，得循序渐进，有耐心地坚持，直到有效的改变出现，并且赋予孩子自主选择的权利，让他拥有一种力量感，让他们有权利去选择一种或者多种可能性。选择还会让孩子运用到自己的思考能力，让孩子认真地去思考要怎么做。又一次吃饭，有果果不喜欢吃的小虾米，果果又说不愿意吃。我来到果果的身边说："果果，在这些菜中，你想要吃小虾米，还是想要吃蒸蛋加其他菜？"果果说："我想要吃蒸蛋，我最爱吃蒸蛋了。"我说："可以，但是吃蒸蛋的话要附带其他的菜啊。"果果又问："那我可以不吃青菜吗？""那不是一个选择，你想要吃小虾米，还是想要吃蒸蛋加其他菜呢？你自己决定。""要蒸蛋加其他菜。"做完选择后，果果把除了小虾米之外的饭菜都吃光了。

　　之后，在果果不吃不喜欢的食物时，我都会使用"有限的选择"这一正面教育工具，坚持使用几次后，果果可以接受的食物又增多了。一段时间后，选择就变成了："在这些菜中，你是想要吃鱼丸还是吃其他的菜。"逐渐地，以前那个不吃幼儿园饭菜的果果，能尝试食用除了海鲜之外的食物了，即使是以前没见过的食物，在老师的鼓励和帮助下，果果也会去尝试并接受。有一天，果果吃到姜时，还开心地和我说："老师，我吃到了一块姜，夏天了，有姜吃。"我说："你是怎么知道的？"他说："是阿姨说的，冬吃萝卜夏吃姜。"我说："对，没错，你能勇敢地吃姜，老师也很高兴。"果果又多了一个可以接受的食物——姜。

　　一段时间过后，果果的饮食习惯有了调整，虽然还是会有挑食、偏食的现象，但是相比之前，已经有了很明显的进步。每当果果能勇敢品尝自己不喜欢的食物，我都会及时地表扬肯定他。

　　正面教育工具——有限的选择——帮助果果勇敢突破自己的饮食习惯，逐渐改正挑食偏食的行为。同时，我也与果果的家长进行了沟通，向家长科普孩子挑食、偏食带来的不良影响：不但会让孩子出现营养不良、免疫力下降、过敏等情况，还会影响学习和生活，严重的会出现动作反应慢、注意力不集中、学习能力差等问题。希望家长重视果果挑食、偏食的现象，而不是一味地迁就与溺爱孩子。家长表示十分愿意与老师一起形成家园合力，帮助果果改正挑食、偏食的行为，培养果果良好的饮食习惯，从而带动果果其他良好行为习惯的养成和能力的发展。

自我反思

　　教师是幼儿发展的引导者，除了关注幼儿的知识、技能的获得，还应该关注幼儿行为习惯的发展，引导、帮助幼儿培养良

好的行为习惯。要解决孩子的行为问题，就要让孩子自己去做选择，给孩子力量感，这比教师直接帮忙或直接提要求更有效果。面对孩子挑食偏食的问题，教师运用正面教育工具——有限的选择，了解并分析孩子出现行为问题的原因，给予孩子自己做主的权利。对于孩子的进步，老师要及时地表扬，以此强化孩子的行为。同时，教师与家长形成教育合力，共同帮助孩子养成良好的饮食习惯。

作 者 信 息

姓　　名：张小萍　　　　　单　　位：广州市天河区瑜翠园幼儿园

勇敢的食物探索家

行为关键词： 挑食偏食

运用正面教育理念： 孩子感觉好的时候，表现才会好。

运用正面教育工具： 专注于问题的解决方案。

行为描述

　　3—6岁正值幼儿生长发育的重要时期，幼儿挑食、偏食在家庭和幼儿园中都是比较常见的现象。但挑食、偏食的行为会导致幼儿的身体多种营养缺失，阻碍幼儿身心健康发展，可能导致幼儿出现一系列身心问题，如抵抗力差、频发呼吸道疾病、影响智力发育等。如何引导幼儿建立营养均衡的多样化饮食结构，养成良好的进餐习惯，这是每个幼儿园教师都需要加以关注的问题。

情景案例

　　海文刚来幼儿园时，就让我们印象深刻：其行为相对刻板，社会交往能力较弱。他和老师交往时也非常被动，几乎不和老师亲近，看到老师会

很紧张。然而，最让我们印象深刻的是海文的挑食、偏食问题。

幼儿园的餐点一个月之内不会重复，菜式多样、营养均衡，有小朋友们最喜欢吃的鸡翅、炒饭、咖喱鸡、大虾等，每逢月末还有自助餐。其他小朋友遇到这些食物时，都大快朵颐，吃得好不痛快。这时候，在集体中的海文就显得比较"突出"。不管是肉类、青菜还是炒饭，海文一样都不动。而鸡蛋更甚，海文只要看到他的盘子里有鸡蛋，就会开始流眼泪。开始吃饭时，他也只是有一搭没一搭地吃着白米饭。为了营养均衡，幼儿园的主食米饭有时会配一些杂粮一起煮。每当吃杂粮饭的时候，海文总是双眼饱含泪水，从开餐到结束小手都不会将勺子拿起来。发现这些情况后，我立即与海文的家长联系。

正面教育中提到"专注于问题的解决方案"这个工具，首先要发现问题所在。我和家长沟通后得知，海文从吃辅食开始就不喜欢青菜的味道，吃鸡蛋会全部呕出来，只进食素面条、米饭。等他再大一点时，会吃意面、水果、牛奶。海文的姐姐小时候因进餐问题留下了严重的心理阴影，所以海文的家人为了避免再次出现这一状况，一致决定在饮食习惯上尊重海文的选择，家里做饭只做意面、米饭、面条等配水果，这就是海文日复一日的餐点了。了解到这些后，我先是对家长的做法表示理解，随后收集了关于饮食不均衡对儿童的不良影响的文章发给海文的家长，向海文的家长发出邀约：一起帮助海文解决偏食、挑食的问题。家长看完后欣然同意。

接下来要头脑风暴，选择一个对海文有效的方法。根据海文的情况，强制给他提供各种各样的菜可能会让他更加反感。正面教育提到，当孩子感觉好的时候，表现才会好。于是我和家长决定先尊重他的饮食习惯，缓解他进餐的压力。在征得家长同意后，我向幼儿园的医生报告了关于海文吃鸡蛋的问题，向厨房特批了海文不吃鸡蛋。随后的星期三，到了吃鸡蛋的日子，海文一进课室，看到小朋友们在吃鸡蛋，瞬间又紧张地迈着小碎步走回自己的位置。当他看到自己的盘子里没有鸡蛋，只有番薯和牛奶，明显轻松了不少。这时我摸摸海文的头，对海文说："老师知道你吃鸡蛋会吐，所以你暂时不用吃鸡蛋哦。"少有的，我在海文脸上看到了一丝笑容。那天早上，海文破天荒地吃了半个番薯。我问海文："番薯是什么味道的，可以告诉我吗？"海文回答："番薯是有点甜的。"虽然他的声音不大，但是仍然让我激动了好久。在晨谈活动时，海文也一改常态，快快搬好椅子加入，这是一个好迹象。

中午的餐点，是香米饭、香卤牛腱子肉、五花肉炒四季豆和青菜。海文依然只吃米饭，其他菜原封不动。见状，我走到海文身边问道："这些菜有哪个菜是你妈妈最喜欢吃的？"海文指了指四季豆。随后我告诉海文："我也非常喜欢吃四季豆，因为它很香，我小时候吃炒四季豆要配三碗米饭呢！"海文听罢，不可思议地看着我。我很夸张地做出幸福的样子："四季豆真的是太美味了，亮亮你觉得呢？"同桌的亮亮正吃得起劲，说："四季豆很好吃，我今天也要吃两碗！"时机成熟了，我马上跟海文说："海文，四季豆这么好吃，你也试试吧。"海文舀起一小条四季豆，用鼻子闻了闻，又试探性地咬了一丁点，嚼了又嚼，最后咽了下去。我马上说："海文，你真是太勇敢了，尝试了你之前没吃过的四季豆呢，你还想再吃一些吗？"海文点了点头，随后又吃了四小条四季豆。我将海文品尝四季豆的照片拍下来并发给海文的家长，海文的家长也觉得不可思议。我请海文的家长今晚在家一定要好好表扬海文的勇敢和改变。当天下午户外活动时，平时只是在人少的地方来回走动观望的海文突然走过来告诉我："我发现了一只飞蛾停在一朵花上。"然后，我和海文一起去看了那只飞蛾，我观察到他的表情是愉悦、轻松的。真好，我的心里也跟着开出一朵花来，为海文的勇敢、主动感到由衷的开心。

星期五的早上和中午，海文也尝试了一点点不同的菜。在星期五下午的小结活动中，我将海文这周勇敢尝试食物的照片投屏到电脑上，表扬了

海文，也奖励了他贴纸，班上的小朋友们都为海文的进步鼓掌。海文在放学的时候，走到门口又回来抱了一下我。

星期天，海文妈妈打电话来，言语间充满着欣喜："海文昨天主动要求要吃四季豆，今天也尝试了吃娃娃菜。"听罢我松了一口气，接着告诉海文妈妈，一定要坚持鼓励海文多尝试，并且在适当的时候告诉海文吃各种食物的好处。

接下来的时间里，海文陆陆续续尝试了更多食物种类，虽然依然还有不喜欢吃的食物，但是相比之前，他已经有了很大的进步。后来有一次午餐吃胡萝卜鸡蛋蒸肉饼，海文看着同伴盘子里的肉饼，犹豫着不敢吃，我问海文是否也能勇敢地尝一小口。海文点了点头，尝了一小口后，告诉我："我还要再吃一口！"

自我反思

　　我园作为天河区正面教育校际联盟的一员，在参加园本正面教育教研时接触到了正面教育工具，如解决问题、认同感受、教孩子该做什么、专注于问题的解决方案等。面对海文偏食、挑食的问题，我运用了正面教育的工具之一——专注于问题的解决方案：首先确定问题所在，其次是头脑风暴尽可能多的解决方法，再是选择一个对每个人都可行的解决方案。我先通过家长了解幼儿的饮食习惯，然后针对幼儿的性格选择尊重、认同、鼓励的方法，让幼儿在被理解、感觉好的轻松的心理环境下，逐步接触和品尝自己不喜欢吃或不敢吃的食物，帮助幼儿逐步养成良好的饮食习惯，促进幼儿身心健康和谐发展。

作　者　信　息

姓　　名：刘莹　　　　　　单　　位：广州市天河区龙口中路幼儿园

第十三章

不讲卫生

洗手小达人

行为关键词： 不洗手

运用正面教育理念： 孩子感觉好的时候，表现才会好。

运用正面教育工具： 鼓励/表扬。

行为描述

小班幼儿喜欢模仿，当他们看到周围一些不良的卫生习惯后，感觉很好玩，就会通过模仿来满足自己的好奇心。然而，家长通常对此不以为然，缺乏发现和引导，长此以往导致幼儿养成不良的生活卫生习惯。孩子不爱干净，懒于梳洗、刷牙、洗澡、换衣服，包括饭前便后要洗手这件事，尽管家长不停地提醒或警告，但孩子依然不能养成勤洗手的好习惯。那么作为幼儿园教师，我们要如何引导孩子养成良好的生活卫生习惯呢?

情景案例

水果餐时间到了，生活老师负责分发水果，提醒洗完手的孩子来餐车拿水果，回到座位进餐。这时，我听到孩子们大叫道："阿如，你没有洗手就拿水果，这是不讲卫生的。"另一个孩子说："没有洗手是不能吃水果的。"旁边孩子也附和起来："是的，没洗手不能拿水果。"阿如生气地摆出自己的小手说："你们看，我的手不脏啊！"旁边的小朋友再次提醒她说："你刚才玩了玩具，你没有洗手，手上会有细菌的。没有洗手就不能吃水果。"阿如生气地大叫起来："可是我的手没有脏东西啊！"但孩子们依然坚持一定要去洗手，才能排队去拿水果。阿如气呼呼地跑到阅读区，躺在小沙发上大喊："我要吃水果，我要吃水果。"

这时，我走过去拉着她的小手，她可怜兮兮地看着我。我尝试牵着她离开阅读区，但她还是躺在沙发上。我想，如果我这时候批评她，她一定会躺在地板上大哭大闹。这时我脑海里浮现出正面教育的一个理念："当孩子感觉好的时候，表现才会好。"

我调整好思绪，拉着她的小手说："老师知道你现在很不开心，很生气！"说完后，我特意停下来，温和地看着她。我发现她的情绪有所缓和，便说道："你能告诉我，你为什么生气吗？"阿如回答："小朋友不给我吃水果。"我问："哦，原来是这样啊，那他们为什么不给你吃水果呢？"阿如："他们说我没有洗手，不可以吃水果。可是卓宝也没有洗手啊。"我说："是的，你也觉得卓宝没有洗手就去拿水果，是不对的，对吧？"她把眼神转移到地上，仿佛在回应我的猜测。于是，我试着建议道："那我们一起去提醒他？"她的小眼睛立刻看着我，半信半疑。我又说："可是，我们怎么提醒卓宝呢？"阿如说："要洗手。"我说："哦？可是卓宝要是说她的手不脏，那怎么办？"她似乎想起刚刚发生的情境，但这次她没有情绪波动，而是更愿意和我对话："那就悄悄地提醒他，不要大声说。"我用赞许的表情说道："哇，这是一个好办法啊！那我们一起轻声地提醒卓宝？"她点了点头，情绪好了许多。我陪着她来到卓宝的身旁，她凑到卓宝的耳朵边说悄悄话。这时，卓宝马上站起来，转身到洗手区，阿如也来到洗手区打开水龙头洗手。

我脑海里浮现出正面教育的一个工具：鼓励的三种语言。我用赏识的

眼光看着阿如说："谢谢你，告诉我提醒的时候，可以用悄悄话；我还要谢谢你，你知道吃水果前要先洗手；而且你还会友好地提醒小伙伴洗手，太棒了！"阿如听到鼓励的话语后，能够更加认真和自觉地洗手。

自我反思

　　当孩子出现行为问题（如不洗手、躺沙发、大叫）的时候，我们看到孩子离开或不知所措时，可以尝试让孩子学会积极的暂停，在一个她觉得安全的地方，与孩子建立连接，然后进行共情的沟通。让孩子感觉好起来，他才会做得更好。在孩子的情绪好起来时，倾听孩子、尊重孩子、给予鼓励，让孩子感受我们对他的爱。通过鼓励的三种语言激励他们，只有当孩子感受到被尊重，才有可能纠正自己的行为。

　　作为教师，我们要关注问题的解决，而非让孩子付出代价。卓宝不洗手的行为，阿如也想试试，模仿是这个年龄段的孩子常见的学习方式，伙伴的行为影响着彼此，当不良的行为出现时，如果成人没有及时发现和纠正，个别孩子便会尝试挑战规则，如不讲卫生、挑战规则习惯等。这很容易造成不良的行为隐患。3—6岁的孩子对行为的辨别能力较弱，需要成人和教师不断地启发和引导。当伴随着情绪的行为问题出现时，我们要和善而坚定地与孩子建立连接，运用鼓励的话语，为孩子树立好的行为榜样，鼓励孩子，让他们在有效的鼓励中纠正自己，健康成长。

作 者 信 息

姓　　名：陈少梅　　　　　单　　位：广州市幼儿师范学校附属幼儿园

我不再吃手指了

行为关键词：吃手指

运用正面教育理念：接受不完美，错误是最好的学习方式。

运用正面教育工具：约定。

行为描述

　　幼儿期是幼儿自我控制能力产生和发展的重要时期，对幼儿日后的生活和学习有着非常重要的影响。我国幼儿的自控能力发展比较差，其中小班的幼儿发展水平较低，同时小班年龄段的幼儿处于有点"叛逆"的阶段，成人越反对的事情，他们就会越容易去做。这学期我发现班里有小朋友会把手指放进嘴里，通过绘本故事的讲述教育，吃手指的现象少了很多，但依旧会有一名幼儿经常性地吃手指，频繁的说教并没有让他吃手指的行为得以纠正。

行为描述

　　一天，我正在与其他小朋友聊天的时候，突然有一个小朋友过来跟我说："老师，他在吃手指！"我当下第一反应是：怎么还会有小朋友吃手指呢？我跟着这个小朋友去看了一下，发现吃手指的是恒恒，"恒恒怎么开始吃手指了呢？"恒恒看到我过来之后笑容立马消失，有点羞愧地看着我。吃手指是不讲卫生的一个表现，所以这一次我严厉地告诉恒恒："不可以吃手指了，手指上有很多细菌，很脏的。"后面几天，仍旧有小朋友和老师反映说恒恒还是会吃手指，但同时我也发现班级里其他的小朋友也开始吃手指了。这时我想起班级里有一本绘本《我不再吃手了》，我便拿出这本绘本和全部幼儿讲了一下，讲完之后大部分小朋友的吃手指行为已经减少甚至消失了。但我仔细观察之后，发现晨晨还是在继续吃手指，次数并没有减少，而且我发现吃手指对于晨晨来说几乎是一种无意识行为，没事干的时候或者坐着的时候他就会把手放进嘴里。

在发现晨晨吃了好几次手指并提醒无果后，我问晨晨："你为什么会一直吃手指呢？"他只是笑了一下，并没有回答，我再继续问："你知道手指上有很多细菌吗？吃手指会让细菌跑进肚子里的，会肚子痛的。"他依旧不说话。我观察了一下晨晨吃手指的频率和时机，发现晨晨基本上都是在无聊或者在听老师讲话的时候会习惯性地开始吃手指，后来我想起了正面教育工具中的"约定"，所以我就尝试着与晨晨聊一下关于吃手指的这个问题："晨晨，你觉得你的小手长得像什么呢？你的小手会有什么特别的本领吗？"晨晨说："小手可以吃饭、画画，还有拿东西。""那你觉得这么厉害的小手会不会特别干净呢？"我问晨晨。晨晨仔细思考了一下说："不会。"我再问："那不干净的小手应该怎样才能变干净呢？""洗手液洗手，还有七步洗手法！"晨晨很坚定地说。"那你觉得洗完手后的小手变干净了吗？"晨晨回答我说："还是会有一点细菌的。"我继续问晨晨："如果细菌进入到我们的身体会怎么样呢？"晨晨想了一下回答我："会肚子痛。""那你为什么总是在吃手指呢？你能告诉老师原因吗？"晨晨说不知道。我和晨晨商量："那我们一起想一个

方式来代替吃手指好不好呢？比如你可以摸摸你的手指，双手牵一牵做好朋友，你觉得这个办法好不好呢？"晨晨听完了之后便答应了。我告诉晨晨："老师相信你可以做到的，我们一起加油吧！"

在与晨晨约定好之后，我也不再过于关注晨晨吃手指的行为。慢慢地，我就发现晨晨在吃手指的时候会下意识地看老师，但我没有理会，然后他就会默默地把手放下，久而久之，晨晨已经不再出现吃手指的行为了。

自我反思

　　小朋友吃手指这个行为习惯本身并不是特别"坏"的行为，但是在我们成人的眼里，这就是一个坏习惯，是一个不良行为，所以我们会迫切地希望孩子改掉这个错误的"坏"习惯。其实小朋友吃手指是为了满足他们潜意识中的某种目的，当他们意识到和理解了自己这些行为习惯的后果后，就会逐渐改掉这些"坏"习惯。所以我们不必过于关注孩子的"坏"习惯，不用急着纠正幼儿的"坏"习惯。而是要给自己信心，给孩子信心，相信改变是一个长期的事情，相信孩子在爱的环境里一定能逐渐改掉"坏"习惯，健康快乐地成长。

作 者 信 息

姓　　名：唐荧　　　　　　单　　位：广州市天河区昌乐幼儿园

附　录　班会实录

幼儿园是我家　共同保护她

　　某天，大班一幼儿在户外活动时趁老师不注意，故意把户外环创摆设的陶瓷兔子踢倒了，造成兔耳朵断裂。《幼儿园教育指导纲要》明确指出："在共同的生活和活动中，以多种方式引导幼儿认识、体验并理解基本的社会行为规则，学习自律和尊重他人。"对幼儿进行规则意识的培养，帮助他们形成规则意识，是帮助幼儿顺利过渡到小学阶段最重要的行为之一，也是培养健全人格、适应社会需要的人才的必要环节。

　　大班的孩子即将步入小学，具备自我（情绪）管理、维护良好的人际关系、做出负责任的决定及解决问题的能力，是孩子应对未来发展必备的重要能力之一。针对大班幼儿实际生活中出现的具体问题，基于"发现问题，解决问题"的思路，让幼儿专注于解决方案，并通过思考和讨论想出解决办法。从中让幼儿懂得基本的社会规则，学会发现问题并有效解决，使更多幼儿参与到为班级和幼儿园的服务中，树立"幼儿园是我家，共同保护她"的概念。

教具准备

"时光相册"展板、经过"包扎"的陶瓷兔子、PPT、磁卡、大白纸、A4纸、话筒

正面教育工具应用

致谢、共赢的合作、榜样、解决问题、树立先进典型

教学实录

一、致谢

> **设计意图**　热身，建立连接，营造一个和谐、安全的环境。自由参观大班毕业典礼"时光相册"，回忆三年开心快乐成长的幼儿园生活，幼儿依次致谢，训练幼儿的表达能力，培养幼儿长存感恩的心。
>
> 【时长】5分钟

师： 刚才大家看了"时光相册"展板，你们看到了什么。

幼： 看到了××刚来幼儿园的第一天哭得很厉害。

幼： 我看到××小班时因不会穿袜子在发脾气。

幼： 我看到我获得了"好孩子"的奖励。

…………

师： 小班的时候你们总是哭哭啼啼，很多事都不会自己做，幼儿园三年你们学会了很多本领，你们都成了棒棒的好孩子，是谁帮助过我们呢？

让我们向他们致谢吧!

幼: 我不会穿袜子,彬彬帮助了我,谢谢彬彬!

幼: 我情绪不好,哭鼻子了,医生帮我擦眼泪,谢谢医生!

幼: 早上我不想离开妈妈,哭得很伤心,园长妈妈抱着我安慰我,谢谢园长妈妈!

············

师: 我是园长妈妈,我要谢谢天府幼儿园的小朋友们,因为每一个小朋友都爱老师、爱园长妈妈,和你们在一起我们感觉很开心、很快乐!谢谢我的宝贝们!

幼: 谢谢你,园长妈妈!

二、议题讨论

设计意图 描述问题,引导幼儿探究问题成因,培养幼儿专注于问题的解决的习惯。

【时长】20—25分钟

(一)出示受伤的"陶瓷兔子"

师: 听了小朋友们的致谢,让园长妈妈知道每个小朋友都有一颗感恩的心,感觉我们生活在一个温暖有爱的幼儿园里。但是有一只"兔子"今天很伤心、很难过,她到底怎么了呢?我们来听一听——

师: (模仿兔子伤心委屈的声音"哭诉"。)有一天,我在户外角色区看到大班的小朋友玩得很开心,我也很开心,可是突然一个小男孩走过来踢了我一脚,我摔倒了,长耳朵还摔断了,我变得好丑,可能要被丢进垃圾桶离开天府幼儿园,离开小朋友了,我好难过啊!呜呜呜……

师: 听了兔子的哭诉,你们有什么想法吗?

幼: 我觉得小兔子好可怜。

幼: 那个小男孩不对,他伤害了小兔子。

幼：小兔子陪了我们这么久，要被遗弃了，好可惜。

（二）问题探讨

观看课件"被伤害的它们"，简单介绍"故意破坏罪"的意思。

师：小朋友们，刚才你们看到了受伤的兔子，活动室墙壁上的斑斑污迹，桌子、区域柜上各式各样的涂鸦，地面上被拖行的桌椅留下的印记等，你们有没有想过，不论是有意还是无意，这些行为都对公物造成了损坏，也给我们的学习和生活带来了不必要的麻烦，要恢复原貌就会增加幼儿园的维修费用。你们对破坏公物的行为有什么想法？

幼：我们不应该乱涂乱画，墙壁脏了，我们的班级就不漂亮了！

幼：想画画，美术区有画纸，我们可以在画纸上画。

幼：我们不能拖着椅子走，要两只手一起搬椅子。

……………

师：你们马上就要成为小学生了，小学老师不会时刻都在你们的身旁，如果你去毁坏公共财物可能会被判定为"故意破坏罪"，那是会受到惩罚的。所以，我们要做遵守纪律、遵守社会规则的好孩子。

师：小朋友们都觉得破坏的行为不好，可是我们的墙壁、地板、区域柜已经被破坏了，那怎么办呢？接下来给每个小组一些时间，想出解决的办法。可以用图文结合的方式做记录，清楚了吗？

（三）分组讨论

1. 各小组围绕"被破坏的它们"讨论。

师：我看到有些小组想到了好几个方法，请每个小组派一个代表来分享吧！

2. 小组代表分享讨论的结果，组员可以适当补充。

三、探讨可行性方案

以解决问题为导向，在平等的氛围中与幼儿讨论解决问题的方法。

【时长】10分钟

师： 现在我们来分析一下哪个小组提供的方案更可行？为什么？

幼： 我觉得破坏公物要赔偿，踢倒兔子的男孩要买一只新的兔子放回去。

幼： 他可以用双面胶把兔子的耳朵粘好。

幼： 我们可以设计一些"爱护公物"的宣传标语，提醒小朋友们。

幼： 对！就像我们做的环保宣传标语，还可以写"请不要涂鸦"。

幼： 我们每周五都有劳动课，我们可以一起清洁区域柜。

幼： 我们可以买一种白色的墙面漆把墙壁装饰一下，我们家就用过。

…………

师： 小朋友们想了很多办法，真是爱动脑筋，会想办法的小朋友真棒！

四、总结

通过榜样学习，引导幼儿回顾本节课讨论的内容，教育幼儿怎样做人，做什么样的人。

【时长】5分钟

在我们幼儿园里，桌子、玩具柜、图书、花草树木等都是公共财物，我们全体师生都要悉心爱护，妥善保管，不可随意损坏，更不能故意破坏。因为它是我们大家工作、学习的物质保证。爱护公共财物是我们每一个小朋友应尽的义务。

师：（出示钟南山院士，杨利伟、王亚平、叶光富宇航员，警察，消

防员等图片。）小朋友们，你们认识他们吗？

（幼儿自由发言。）

师：他们都是伟大的人，为社会做出了很大的贡献。我们都应该向他们学习，从小好好学习，遵守社会规则。让我们像爱护自己的眼睛一样爱护公物，像珍惜自己的身体一样珍惜公物，从自己做起，从身边做起，从小事做起。挪动桌椅小心翼翼，开门开窗轻手轻脚，洁白墙上不留足迹，使用公共财物时要注意小心保护。

五、课后反思

优点：教师从模拟受伤的小兔哭诉开始，通过拟人化的角色扮演震撼幼儿的心灵，激发幼儿的同理心，激发幼儿爱护公物，与破坏的行为作斗争的勇气。课堂流程比较顺畅，环节清晰，目标性强。

不足：从幼儿的分享可以看出，小部分幼儿没有真正领会班会课的目的，毕竟还只是幼儿园的小朋友，思维活跃但目的性不强，讨论的时候容易跑题，造成讨论方向出现偏差。

有幼儿会想到设计"宣传标语"是基于环保课程"社区是我家，美化靠大家"的前期经验。这次活动，在幼儿的心中又种下了"幼儿园是我家，共同保护她"的种子，进一步提高了幼儿作为社会人的责任感，为更好地进入小学生活打好基础。而这些素质的培养都是对幼儿的终身发展有益的，也是对我们民族的未来有益的。

六、延伸活动：长大后你想成为……

作 者 信 息

姓 名：李卫平	单 位：广州市天河区天府幼儿园

我和我的情绪朋友

对于大班幼儿来说，经常保持愉快的情绪是维护身心健康、促进幼儿社会性发展并逐渐形成良好个性的重要条件。然而，我发现当班里的幼儿在日常活动中出现紧张、失望等情绪时，他们不知道如何表达、如何调控，容易把这些情绪积压在心或造成误会。就如前一段时间未进入决赛的个别幼儿看到小伙伴获得奖牌奖状时，感到羡慕又失望，却不知如何表达，表达了又怕同伴嘲笑自己；新插班幼儿面对陌生的班集体，不知道如何融入；等等。

运用致谢、情绪脸谱、"我"句式等正面教育工具，在轻松自如的游戏中认识、识别、表现常见的情绪，了解情绪无好坏之分，帮助幼儿学会勇敢表达情绪，保持良好心态，为掌握社会技能、减缓入学焦虑奠定基础。

发言棒、多媒体课件、呼啦圈、情绪卡片，选取四首不同情绪的音乐。

致谢、情绪脸谱、"我……"句式

一、致谢

设计
意图　　幼儿与教师一起相互致谢，传递心中的感激。致谢环节不但能帮助幼儿养成在学习和生活中善于发现同伴闪光点的习惯并学会感恩，更重要的是能帮助幼儿在班级中建立情感连接。

【时长】5分钟

师： 在幼儿园里，我们总会遇到一些帮助过我们的人，请小朋友闭上眼睛30秒，想一想，此时此刻你想向谁真诚地说一声谢谢呢？

生： 丁子萱，谢谢你，因为你有什么开心的事情都会主动和我分享。

…………

师： 小朋友，谢谢你们，因为你们和老师一起开展班会活动，使大四班成为一个更加温暖有爱的班集体。

师： 当你收到致谢，你有什么感受？

生： 我感到很快乐、很幸福……

师： 懂得感恩，会让我们获得更多的快乐和幸福。

二、认识情绪

设计意图

通过情绪游戏，认识并积累"自信、兴奋、紧张、失望"这四种情绪词汇，知道情绪无好坏之分，愿意并能勇敢、大胆地表达自己的情绪。

【时长】12分钟

（一）通过呼啦圈游戏，感受"自信、兴奋、紧张、失望"这四种情绪。

1. **师：** 除了快乐、幸福这两种情绪之外，还会有哪些情绪呢？我们一起体验一下吧！请后面有呼啦圈的小朋友把它轻轻地放到前面，小朋友们走到空的位置站好。当音乐停止，两个小朋友站在一个呼啦圈里。游戏开始咯！

游戏玩法： 一个个呼啦圈围成一个大圆圈，幼儿合着音乐的节拍在大圆圈内自由走动。当教师有节奏地说"自信地走"时，幼儿便边走边做出相应的表情和动作。当音乐停止，两名幼儿快速结伴站到呼啦圈内，没有找到呼啦圈的幼儿则要坐下来。音乐继续播放，教师适量减少呼啦圈的数量，如此重复游戏四次，最后剩下的两个呼啦圈内的四名幼儿获胜。

2. 请幼儿说一说刚才游戏时的心情是怎么样的。

师： 游戏结束了，我来采访一下这四个坚持到最后的小朋友，你们现在的感受是怎么样的？

生： 我坚持到游戏最后，我感到很兴奋、很自信……

师： 刚刚我看到你坐在椅子上小嘴巴一直嘟着，你当时的感受是怎么样的？（引导第一个结束游戏的孩子说出自己的心情。）

生： 我很快就被淘汰了，我感到很失望。

师： 老师发现你们刚刚在玩游戏时很兴奋，还有一点紧张，你们猜，何老师是怎么知道的？

生：从我们的表情、动作中知道的。

3. 小结。

师：是的，从一个人的表情、动作中，我们可以猜测出他的情绪。

（二）通过情绪脸谱，认识"自信、兴奋、紧张、失望"这四种情绪。

1. 教师依次出示"自信、兴奋、紧张、失望"这四种情绪脸谱，引导幼儿通过观察脸谱中的细微变化，说出相应的情绪词汇。

师：老师这里有几张图片，你们能猜猜代表的情绪吗？**（出示其中一张。）**

生：我觉得这是自信的情绪。

师：你从哪里看出来它是"自信"？

生：因为他的眼睛是眯着的，嘴角还向上翘。

师：你观察得真仔细！是的，这是"自信"的情绪。我们再来看看第二张图片，你觉得他是什么情绪？为什么？

生：我觉得他是兴奋的情绪，因为他的眼睛睁大了，嘴巴是咧开露齿笑的。

…………

2. 小结。

师：原来，我们可以根据脸部表情的细节和动作去识别他人的情绪。

（三）运用不同情绪的音乐，在游戏中让幼儿感受同一种情绪，不同的人会有不同的表达方式。

1. **师：**接下来，让我们和其他小朋友一起来玩一个"表情变变变"的游戏吧！

游戏规则：播放四首不同情绪的音乐，当听到表现自信的音乐时，两个好朋友各自做相应的表情动作，以此类推。

2. 小结。

师：刚刚你们是怎么表现自信的？（小朋友展示自己自信时的表情和动作。）

师：哇，你们自信时的表情和动作都不一样啊！原来在表达同一种情绪时，每个人的表情和动作都是不一样的。可能有的时候，小朋友在微笑，但他心里已经乐开了花。

三、表达情绪

掌握"我"句式，学会用"在＿＿＿＿＿＿，我感到＿＿＿＿＿＿"的句式正确表达自己的情绪。

【时长】5分钟

借助情景，通过相互表达的方式，学用"我"句式合理地表达自己的情绪。

（一）示范句式

师：我们每天都会有很多情绪，如果只靠看表情动作，有时候我们无法准确识别别人的情绪，那怎么办呢？

生：我们说出来吧！

师：这是一个好办法！怎么说别人才明白呢？（幼儿自主表达观点，教师认真聆听。）

师：听听老师是怎么用"我"句式来表达情绪的。在故事比赛的时候，我感到自信。你知道我此刻的情绪是什么吗？

生：自信！

师：老师在什么时候感到自信呀？

生：在故事比赛的时候，老师感到自信。

（二）学习"我"句式

师：小朋友们听得真仔细，我们一起来说一遍。（带领幼儿完整练习"我"句式。）

师：你们在什么时候感到自信？谁来说一说？

生：在运动会快跑决赛时我获得了第一名，我感到自信。

师：那你们在什么时候感到失望呢？

生：在玩游戏输了的时候，我感到失望。

师：你能勇敢地表达自己失望的情绪，真好！

（三）同伴间相互学习

师：我看到大家都想表达，好，现在请小朋友们弯腰拿出情绪卡片，用"我"句式来表达自己的情绪吧！可以和旁边的小朋友交换卡片分享！

四、总结

设计意图

知道情绪无好坏之分，每种情绪都是合理存在的。

【时长】3分钟

幼儿听着《幸福拍手歌》走到教师身旁，教师做总结。

（一）集合

（1）听着《幸福拍手歌》的旋律，走到教师身边，教师改编歌词唱道："如果感到自信，你就……；如果感到兴奋，你就……"

（2）幼儿做出相应的动作和表情，集中注意力。

（二）总结

师：我们每个人都有这么多的情绪，而这些情绪的出现都是合理存在的。今天，我们一起感受和体验了"自信、兴奋、紧张、失望"这四种情绪。接下来，我们还会认识更多的情绪！

五、课后反思

优点：选题贴近幼儿需求，活动流程顺畅，环节清晰，层层递进，教师运用情绪游戏调动幼儿参与活动的积极性，幼儿通过直接感知、亲身感受、实际操作体验各种情绪，正确认识了自己的不同情绪，并学会用

"我"句式将自己的情绪表达出来。接下来，根据幼儿的情况开展相关延伸活动，如在语言区投放情绪卡片、在小舞台进行情景演绎。当孩子们认识更多的情绪词汇、学会表达情绪后，下一阶段的班会活动将以促进幼儿相互理解、化解不良情绪作为重点开展。相信幼儿掌握正确表达情绪的社会技能后，在进入小学时，会更容易融入新集体、认识新朋友，减少入学的焦虑。

不足： 在过程中，教师应更多地关注被游戏淘汰后幼儿真实的情绪，并给予幼儿充足的时间表达。教师在表达情绪时应尽可能避免让孩子感觉到情绪是有好坏之分的。总的来说，教师在组织活动时眼里要有孩子，这是教师需要提升的方面。

作 者 信 息

姓　　名：何润芝、林哲媛　　　单　　位：广州市天河区辰康幼儿园

角色扮演——遵守规则我能行

行为描述

幼儿园规则教育是幼儿社会性发展的重要组成部分。在幼儿园一日生活中，有很多环节都需要遵守规则。大班年龄段的幼儿已经有了秩序意识，但在排队时，个别孩子还是会出现推挤、吵闹、插队等情况。为此，我设计了本次班会活动，旨在引导班级幼儿自主制定班级内的规则，从而培养幼儿的自律能力，体验做班级小主人的自豪感。

解决方案

针对班上幼儿的规则意识与实际问题，采用"角色扮演"的方式来体验违反规则的感受，共同制定班级公约，并设计提示标识，让幼儿能参与到班级管理中。

教具准备

课件、发言话筒、计时器、卡纸、水彩笔、拱门（3个）

正面教育工具应用

致谢、角色扮演、头脑风暴

大班

一、致谢

营造积极的氛围，促进师幼、幼幼之间的情感连接。幼儿依次致谢，提高幼儿的表达能力。

【时长】5分钟

师：今天苏老师非常高兴能和大家一起参加班会活动，我们闭上眼睛，花30秒的时间，思考一下，谁帮助过我们呢？向他们表达你的感谢吧！

生：我想谢谢涵涵和楠楠，因为你们每天都陪我玩！

生：谢谢你，心心！

生：我想谢谢苏老师，因为她每天都陪我们玩游戏，很辛苦！

师：谢谢你，晴晴！

二、议题讨论

通过分别体验拥挤与有序的钻山洞游戏，让幼儿感受规则带来的秩序感和愉快体验。调动幼儿的生活经验，让幼儿感受生活中有很多规则需要遵守，从而尝试让幼儿共同制定班级规则，发挥幼儿班级主人翁的作用。

【时长】10—15分钟

（一）体验遵守游戏规则带来的秩序感——钻山洞游戏

师：这里有3个山洞，请大家钻过去，然后马上回到位置上坐好。看能不能用30秒挑战成功。

1. 第一次游戏。

师：小朋友们，刚刚大家挑战失败了，你们有什么感受呢？

生：我感到很不开心，因为没有挑战成功。

生：我感到很挤，我都快被推到地板上去了。

生：刚刚霏霏插队了！

师：谁能想出既安全又快速挑战成功的办法呢？

生：排队通过，一个跟着一个走。

师：那按照你们说的，再挑战一次吧！

2. 第二次游戏。

师：恭喜小朋友们，游戏挑战成功！只用了28秒就完成了挑战！你们能分享一下，为什么这一次能成功吗？

生：因为我们排队了，一个跟着一个走。

生：因为我们没有插队。

师：原来玩游戏要排队才能更加安全，排队就是规则，遵守规则更容易获得成功。

（二）了解生活中的规则，认识提示标志

师：小朋友们，生活中还有什么规则呢？

生：过马路要走斑马线。

师：如果违反了生活中的规则，会怎么样呢？我们看着图片说一说。

生：如果不遵守交通规则，就会被车撞倒。

师：那我们要怎么做呢？

生：我们要绿灯行，红灯停。

师：你们见过这些标志吗？

生：这是提示我们过马路要看红绿灯的。

师：那如果违反班级规则，会怎么样呢？我举个例子，例如别人在表演时，我们没有安静倾听，就会——

生：会很吵。

（三）通过角色扮演体验，利用"我"句式表达感受

现在请小朋友们扮演小老师，上来讲故事或者唱歌，我们一起扮演不遵守规则的小朋友，轮流参与。

师：你们刚刚感受到了什么？请你用"我感到……，因为……"来说一说。

生：我感到<u>耳朵要爆炸了</u>，因为<u>他们好吵</u>。

生：我感到<u>很乱</u>，因为<u>他们都走出来了</u>。

师：那我们应该怎样遵守班级规则呢？

生：别人说话的时候要坐在位置上安静地听。

三、头脑风暴、设计标志

头脑风暴，调动生活经验，培养幼儿的思维与表达能力，能用绘画的方式设计提示标志，并自觉遵守。

【时长】10分钟

（一）头脑风暴，拓展班级中的规则

师：请大家想一想，班级里面还有什么规则要遵守？

生：我们要爱护小动物。

生：节约用水。

师：请你完整地说出来。

生：我们要节约用水。

生：我们要节约用电。

生：我们要"光盘行动"。

生：不能打人。

师：我们可以说"友好相处"。

生：玩具要轮流玩。

师：谢谢你们的分享，我们一起制定了这么多班级规则，那大家能自觉遵守吗？

生：能！

（二）设计提示标志

师：但是，我们还不认识这么多的字，有什么好的办法能让大家都知道这些规则呢？

生：我可以教他们认字。

生：我们可以画画。

师：这是个好办法，那我们来制作吧！

四、总结

通过标志介绍，提高表达能力以及引导幼儿复习本次班会讨论的班级规则。

【时长】5分钟

师：请你们来说一说，你画的标志代表的是什么规则？

生：我画的是安静听别人说话是对的，吵吵闹闹是错误的。

生：我画的是睡觉不说话。

师：今天我们一起制定了这么多班级里要遵守的规则，大家可以做到自觉遵守吗？

生：可以！

师：谢谢小朋友们一起制定班级规则和设计提示标志，我们一起把标志粘贴在活动室里吧！

五、课后反思

优点：活动流程比较顺畅，环节清晰，利用钻山洞游戏体验排队能激发幼儿的参与欲望，吸引幼儿的注意力。幼儿能根据规则内容进行设计，绘出标志。

不足：角色扮演游戏环节时，由于没有通过道具来区分"小老师"与"学生"，产生了角色混淆的情况。如果能够在游戏开始前，一起约定手势来恢复安静，并采用道具（如麦克风、帽子等）来进行角色区分，游戏体验和教学效果将更深刻。

姓　　名：苏俊谊　　单　　位：广州市天河区金燕幼儿园（云山园区）

我是时间的小主人

行为描述

我们对孩子在园内的一日生活进行了观察和分析，发现班上很多孩子做事都有拖拉、磨蹭的现象，因此，需要帮助幼儿增强时间观念，懂得珍惜时间，做事不磨蹭。

解决方案

本节班会课以"尊重、平等、和善"为基本设计理念，基于班级幼儿实际生活中的问题，采用正面教育的形式，通过"木头人"游戏和"一分钟"视频，让幼儿知道在规定的时间里做相应的事情，做事不磨蹭，懂得珍惜时间，增强幼儿的时间观念。

教具准备

发言话筒、操作板、大白纸、视频、沙漏、图片

正面教育工具应用

致谢、头脑风暴、约定、鼓励/表扬

一、致谢

热身，建立情感连接，营造一个安全的环境。幼儿依次致谢，训练幼儿的表达能力。

【时长】5分钟

（全班致谢。）

师： 在幼儿园里，我们总会遇到一些帮助过我们的小朋友，请你闭上眼睛想一想，在生活中，有哪些小朋友曾经帮助过我们呢？让我们在班会活动上向他真诚地说一声谢谢吧！

师： 陈逸霖，我要感谢你，因为你帮我拿水壶。

幼： 谢谢你，韦老师。

师： 小朋友们，你们知道怎么表达感谢了吗？

二、议题讨论

描述问题，引导幼儿探究问题成因，培养幼儿专注于问题的解决的习惯。

【时长】5分钟

（一）出示幼儿拖拉、磨蹭的视频

师： 小朋友们的致谢，让韦老师看到每一个小朋友都是善于发现美并且懂得感恩的，我能感觉到大三班是一个温暖有爱的班集体。但是我们班也存在一些问题，请小朋友们看视频，当小朋友们听到要排队的音乐时，有马上排队吗？

幼： 小朋友听到要排队的音乐，有的在排队，有的在喝水，有的在区

域玩玩具，老师提醒了多次才慢吞吞地走过来。

（二）问题探讨

师：小朋友分析得非常好，这种拖拉、磨蹭的现象，你喜欢吗？有什么不好？

师：现在让我们来分析一下为什么这些岗位应该轮流。接下来，请各小组从丘老师这里领一张海报，围绕"解决方案桌"进行讨论。同时我们也要遵守"头脑风暴"的原则，一起念出来，好吗？

幼：①符合3R1H原则（即相关、尊重、合理、有帮助）；②轮流发言；③有闻必录；④不评判。

三、议题汇报

 体验与学习，感知、体验"一分钟"。

【时长】15分钟

（一）游戏"木头人"

1. 开始游戏。

师：山山山、山上有个木头人，不许说话不许动，请小朋友保持一分钟。（一分钟沙漏计时。）

2. 体验后，请个别小朋友分享自己的感受。

3. 小结：刚才我们玩"木头人"的游戏，用了一分钟，一分钟有六十秒，每个人的感觉都不一样。一分钟的时间很短，很快就过去了，但是一分钟重要吗？

（二）故事"一分钟"

1. 故事"一分钟"导入。

2. 分析故事。

①为什么小猪元元只是在床上赖了一分钟，最后到学校却迟到了二十分钟？

②出示图片，了解小猪元元晚起一分钟导致的后果。

晚起一分钟—十字路口遇到红灯耽误时间—没赶上公共汽车走路上学，耽误时间—上课迟到了二十分钟。

3. 解决的办法：元元晚起一分钟，最后上课却迟到了二十分钟的这个问题，我们应该怎么去解决呢？你有什么好办法可以管理好时间？（记录员记录。）

4. 一分钟能做哪些事情呢？

四、总结

联系实际生活，进行知识迁移。

【时长】5分钟

1. 在幼儿园里，小朋友们一日活动的时间安排有哪些？（进行头脑风暴。）

2. 出示一日生活中的情景图片，说一说，在这些情景中，什么时候应该做什么？

3. 延伸：把"作息时间计划表"贴在班级公约处，当遇到问题时，请幼儿尝试使用。

4. 小结：我们按幼儿园一日生活的作息时间计划进行，自己做时间的小主人。要怎么在同样的时间里做更多有意义的事情呢？在后面的班会课，我们将继续学习。

五、课后反思

优点：整个活动流程比较顺畅，环节清晰，目标性强，幼儿的积极性和主动性比较高。

不足：教师语言不够精练，幼儿发言的积极性不高，对于老师提出的问题回答得比较局限。在解决方案那里可以用表征的形式来表示幼儿园的

一日生活作息，让幼儿操作，让他们了解自己在园的一日作息，体会到时间的重要性，做到不拖拉磨蹭。

作 者 信 息

姓　　名：韦利嫦　　　　　单　　位：广州市天河区天润幼儿园